U0055932

警察
不拎GUN
已抵達案件現場！

不拎GUN——著

推薦序

警察的光芒燦爛輝煌？

從警至今度過雖不算長但也稱不上短的時光，當初稚嫩熱血的夢想也差不多消耗殆盡，褪去懷抱錯誤的想像，更多的是對現實的認分，其他的就是煩惱該如何維持工作與生活的平衡，以及該怎麼好好的善待自己和家人。

當了警察，會在第一線體驗大大小小的事，大至幫派群毆、死亡現場、搶奪綁票，小至隔壁鄰居澆花灑水引起的口角糾紛；上一秒處理持刀揮舞的精神疾病患者，下一秒前方的十字路口三台車撞成一團；早上處理違規停車開罰單跟民眾吵架還被檢舉，下午就發現自己被民眾錄影傳到爆料公社。

在民眾眼中、在高官、政客眼中，注重凡事依法行政、協助維護治安的執法者、與負責交出漂亮數字、身穿筆挺制服注重形象的警察，哪一種光芒比較燦爛輝煌呢？

「腰間的槍究竟有幾兩重？」

警察從來都不是個輕鬆的工作，很多正常人一輩子沒機會體驗的繁雜瑣事，卻是我與不拎GUN的日常。

一開始接觸不拎GUN，也是從PTT的marvel板，跟我一樣，他也是撰寫關於警察的故事，細聊之後發現我們居然是同期受訓的同學，一瞬間往事湧上心頭。

對我來說，不拎GUN不只是警界的同事，每一次閱讀他的故事、在字裡行間穿梭時，總是能透過文字從他的眼睛還原現場的樣貌，看著他、想著自己、想著全台灣的其他同事，身為「警察」這個身分，我們選擇怎麼做。

比起起伏跌宕、妙筆生花的冗詞贅句，平鋪直敘的說故事方法對我反而有種魔力，可以更加貼近人心、帶入感強，讓你身歷其境，也讓我在閱讀時欲罷不能想一次看完全文，我想這就是不拎ＧＵＮ獨有的魅力。

比起腰間那把永遠都不想使用的槍，有時候握著筆的那隻手反而更有力量。

「警察最大的敵人？」

這次受邀替不拎ＧＵＮ的新書寫推薦文，原本其實想推拖，因我實在收受不起。當初在出版《一線三的日常》的種種回憶浮起，那些不想再經歷的側目、耳語、壓力，期盼別再有人受相同的苦難。

如今居然還有另一位基層員警願意跳出來，以自身經驗撰寫故事集結成冊分享他的人生，轉念一想，這也算是種進步吧？

想要撼動墨守成規、食古不化的制度，以基層員警自身的影響力肯定是不夠的，尤其當警察最大的敵人其實就是自己人的時候。

不講太多言不及義的話，把主場還給不拎ＧＵＮ。

我會說《警察不拎ＧＵＮ已抵達案件現場！》是一本摻雜著笑與淚、時而觸動人心、時而毛骨悚然，帶領你探索未知領域、帶領你思考人生的警察故事。

來自第一位抵達現場、基層警察的日常故事，推薦給各位，希望你們喜歡。

《一線三的日常》作者一線三

推薦序

我最不推薦的職業就是警察

這是不拎GUN成為鴿子後，我對他、對在校學子的肺腑之言。

入職第一年，我笑著對他說恭喜，恭喜他在毅然轉換跑道後，順利踏入職涯。身為老師，看到學生成為「有用」的人、成為「維護正義」的警察，內心充滿了欣慰與祝福。

入職第二年，與他同屆的學生回母校時，我陪他們聊大學、聊耍廢、聊女友、聊打工，聊就職或考研；但與不拎ＧＵＮ，我卻只能「聆聽」，聆聽影集以外的真實世界所搬演的酸甜苦辣，聆聽權力、聆聽著卑微。看著時間不慎在他臉上錯刻的痕跡，心裡疑惑：這是二十初頭的青春臉龐嗎？

入職第三年，班上某位家長希望兒子報考警校，我拿著筆記，認真請教不拎ＧＵＮ波麗士如何排班，不拎ＧＵＮ解說完畢後，我陷入求學時解不開三角函數的挫敗感：「這種班表，要怎麼調生理時鐘？」

難怪。難怪身材橫向發展、難怪青春正盛卻像中年大叔、難怪與同齡朋友的休閒娛樂全沾不上邊。

寫了滿紙書法好字的手，執起了警槍；本該吹冷氣、打鍵盤、寫程式的未來，成為烈日曝曬、帶月荷鋤的輪班日子；至於讀書時期吹奏樂器，酷愛閱讀的嗜好呢？早被執勤後的渴求補眠所取代。

而這些，只是日常的一頁，遑論那些複雜的地方民代、黑道或是台灣鯛了。

「老師，我在執勤時遇到一個流浪漢，他身上那個臭味真的齁……」不拎ＧＵＮ訴說著請流浪漢吃飯，店家、客人嫌惡的眼神，以及流浪漢因數年未曾在「店」內用餐，激動感謝時所流下的淚水。

「他離開時對我說謝謝……我覺得啊，有些事情，一句『謝謝』好像就夠了。」因為不捨與疼惜，所以排斥學子們成為警察，但我似乎忘了，成為警察的不拎ＧＵＮ，生活、外表雖然改變許多，但多年來，始終不變的是那份「溫厚」。求學時的他，穩重而樂於助人；成為波麗士的他，雖有挫敗、困惑與爭扎，但溫厚始終不變。

本書，可以是不拎ＧＵＮ的成長史，可以是波麗士的職場甘苦談，可以是人與異度空間的另類交集，同時，它也是不拎GUN用溫厚貫串、用溫度刻寫的故事及人生。

高雄市立中正高級工業職業學校Boss老師

推薦序

警察是個很兩難的工作

看到了警察不拎GUN的內容，讓我想起以前的事情，我當兵時服役是替代役，單位就在警察單位，對於書中寫的內容有很多的感觸，身為警察的工作辛苦不敢說完全體會到，但是也親身去接觸過，在大晚上的站在路邊臨檢查酒駕，遇到通報要去察看情況，書中有一段內容我也很有感覺，關於警察開槍的事情。

我記得當時陪著警員學長臨檢查到一名通緝犯，當時通緝犯下車就跑，跑到了田野間的昏暗處，後來因為天色太暗，所以放棄追捕，我也問過那些警員學長「為什麼不開槍？」

他們說：「天色太暗了，如果開槍會有麻煩。」

我想他們是怕寫報告嗎？還是怕打死了人，還是說怕罪犯家屬來求償說執法過當呢？

看了書中內容後，才知道那些基層員警的辛勞，所以很多時候對於警察開槍還是不開的問題，一般人只會想著說「配著槍不開，警察配槍不就好看的？」鍵盤打字都是正義英雄，我跟那些警員學長聊天也問過這個問題，他們都說「如果長官跟司法都支持他們，他們或許會願意使用配槍，但他們也怕開槍後被罪犯家屬控告，還要賠錢……」

有時候看到一些酸民看到警察穿個制服買便當或是飲料，就感覺形象不好什麼的？別忘了他們也是平凡人，也是一個家庭裡面別人父母眼中的孩子，別人的老公，孩子的父親……

可是他們在面對犯罪跟危險發生的時候，心中的正義還是會讓他們義無反顧地去打擊罪犯，做警察心中需要有很大的正義感，而資歷越久看得越多的老警察，他們有時會想希望平安上下班，平安的回家，平安的退休。

我也看到裡面說報案的內容，還別說，我服替代役的期間還真的看過一瓶礦泉水都拿走了都要來報案，值班學長都想說乾脆所裡拿兩瓶給他，但是報案的人不願意，還說不受理就投訴該員警……這情況值班人員只好幫他辦理報案。

我強烈推薦大家看看本書，可以透過書中去了解警察其實跟我們民眾沒有不同，他們也是老百姓，只是他的工作是維護社會和諧，畢竟在我們都有需要的時候，他們都會存在。

大到刑事案件，小到家庭糾紛，這些全都是維護治安的員警們每天所要面對的。如果你也想了解警察平日的工作內容、以及鮮為人知的甘苦談的話，那麼警察不拎GUN將透過本書的內容，帶著大家一窺警察這份工作的點點滴滴。最後，我也要向警察的家屬們表示敬意，畢竟當員警們遇到工作、家庭難兼顧的狀況時，身為強力後盾的家屬們為了支持警察家人是最常做出犧牲的。

《哈囉，我是凶宅房仲：來喔，這裡有便宜凶宅喔！》作者水鏡

推薦序

熱血好警察、熱血好故事

自小就覺得警察是令人敬畏的職業，身為人民的保姆，專司打擊犯罪除暴安良、維護社會秩序等等，這些印象從小到大深刻在我心中；對我來說，警察這個「非常人」能勝任的工作，也一直讓我有刻板印象，好的部分是確實存在著熱血勤奮的好警察，有狀況就衝、有案就辦，時時刻刻認真在工作崗位上；但也有值勤時摸魚打混怠忽職守等等，就不加贅述，即使如此，我依舊相信我們身邊還是有熱誠服務、不馬虎隨便的好警察；嚴格來說，我真心認為不拎ＧＵＮ可與好警察畫上等號。

認識不拎GUN至今已邁入第十個年頭，回想當年他毅然決然地報考警察，用他練樂器的那股拼勁，順利加入鴿子的行列；而今在警界也有自己的一片天，深感欣慰與有榮焉；每每相約聚會餐敘，都期待著能聽到他新的故事或工作經驗，有他在的地方絕對少不了歡聲笑語及毛骨悚然；縱使我們看不到無形的世界，我依然堅信其存在，雖然沒有親身經歷過，但從他的言談中，會發覺世界真的無奇不有十分奧妙，興許咫尺間便有玄機。

當不拎GUN跟我說要出書時，我十分驚喜，霎時又跟我說，希望能幫他撰寫序文，讓我頓時受寵若驚、毫無頭緒，平生文筆普普通通，且從未寫過任何像樣的文章，使我有小小的壓力感卻又覺得倍受重視；在深夜時分又或四下無人時，能讓我深自思考，該如何才能寫出這篇有點平凡，卻又情義深重的序文，謝謝你讓我有這個機會，在人生旅途中做點不一樣的事。

不拎ＧＵＮ的書撰寫得有情有義、有血有淚，篇幅不長，卻讓人猶如身臨其境，幾則故事，道出警察的兢兢業業與辛酸血淚，一字一句，交織刻劃出人民、警察、神鬼間的糾葛；說不盡的艱辛、吐不出的真言，縱然只是冰山一角，已然成為一頁精彩的警察故事；期待不拎ＧＵＮ未來能有更多著作問世，也祝福不拎ＧＵＮ的第一本書暢銷熱賣、積累更多的書迷粉絲。

陸軍航空特戰指揮部軍官吳睿紘筆

正義會遲到，但永遠不會缺席

某一天我突發奇想，搜尋了關於警察的勵志名言，其中有這麼一句讓人印象深刻「不要對一一〇的指令不滿，破不了案不要緊，關鍵是趕快到現場看看做做樣子。」真的很勵志，讓人莞爾一笑之外也心照不宣，警察給大眾的形象是人民保姆而打擊犯罪、維持社會秩序、積極幫助民眾解決問題等等，是大眾對於警察的標籤。

但在認識不拎GUN之前，對於一個警察的認知，除了這些標籤，更多的是來自對警察的錯誤思想，有來自父母年代的認知，警察收賄、吃案之外也覺得人民花錢繳稅，警察受理案件、扶助民眾應天經地義吧？

後來我才明白，很多報案人、遊民、獨居老人前往派出所期望警察伸出援手時，通常都是員警自掏腰包，為民眾解決眼前困境的，這是他們的責任嗎？是穿著警察制服的他們應該無償做得事情嗎？

再然後，我才從他的一個個故事裡，了解了原來身為「正義」的背後裡，也有著無窮無盡的心有不甘和萬般無奈。

若你對警察生涯感到疑惑，那你一定要讀完這本書，有讓你感到溫馨的、遺憾的人生，也有著血淋淋的、充滿扭曲慾望，道盡了人生百態的奇聞軼事。期待每位讀者能在不拎ＧＵＮ的文字裡，感受更多身為警察的辛酸無奈、曲折離奇等故事。

不拎ＧＵＮ是個好警察，他會讓人明白，「正義會遲到，但永遠不會缺席」。

資深鄉民

作者序

不拎GUN案件現場

「觀人生百態，渡生離死別。」是我當警察至今六年多的體會。

警察工作日夜顛倒，要做的事情包山包海，而警察在處理案件時常常會面對民眾的負面情緒；還有民意代表要為民喉舌而突然出現在旁「關心」的心理壓力，處理過程稍有不慎，小則被民意代表施壓說不給面子，大則走錯路被告涉訟而變成義警。

一般民眾無論在什麼時候需要公務機關的協助、幫忙，第一時間大多會想到「報警」。然而卻有很多事情並非警察所管，或根本沒辦法管。舉凡鄰居半夜不睡覺聊天放

音樂製造噪音、有人在路邊亂放鞭炮及在私人場所亂丟垃圾、菸蒂等等各種奇奇怪怪的事情，這些事其實都不是警察主管的業務範圍，

白天上班時間也許還會有專責單位前往處理，然而只要事情發生時間是在晚上六點過後幾乎都會變成是警察要到場處理。因為大部分公務機關上班時間只到晚上五、六點，只有警察是少數到了晚上甚至是凌晨都還有開門營業的機關。

會有讀者好奇其實可以直接回覆報案民眾，說這是別的單位該處理的事情，並非警察所管，但別忘了，有的長官最怕事了，職是之故，到了後來第一線警察還是得到場處理。

印象中當警察這些年所碰到各種特別的報案講都講不完，報案內容也是千奇百怪，常讓人啼笑皆非、哭笑不得。如家裡鬧鬼需要警察處理、夫妻吵架老婆不煮飯也要警察處理、走在路上覺得被路口監視器監視也要警察處理、家裡的寵物不快樂看起來憂鬱也找警察，甚至還有碰過報案內容寫「發現隕石」，到場只看到樓梯走廊有一顆籃球般大

小的石頭等等。

但，也有許多事是警察非得處理，責無旁貸的事情，例如各種刑事案件，交通事故現場處理。而在這類型的事件中常常會有人受傷、死亡，也導致警察常常穿梭在生與死之間。就在這些生與死當中，有時不僅只有活著的人會找警察，就連死去的那些也會……

僅用這本書記錄作者從警的這些日子，所碰到的奇聞軼事與一路走來的心路歷程，有不為人知的辛酸血淚、溫馨感人、憤怒無奈，特別收錄幾則比較深刻難忘的故事。

POLICE
警察
POLICE

目次 Contents

PART 2

不拎GUN的警案現場

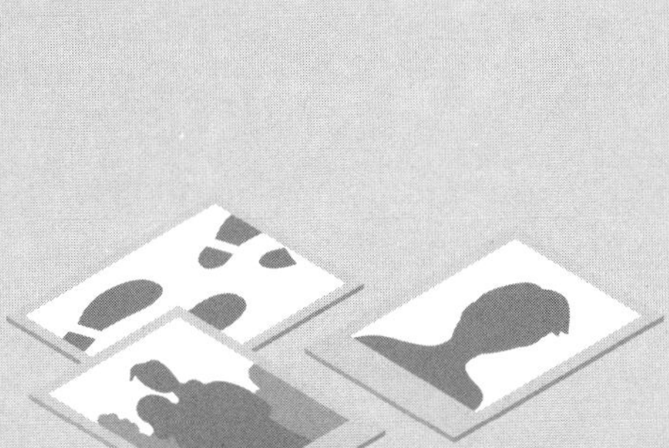

POLICE

PART 1

不拎GUN的熟成之路

1-1 最可怕的，有時候其實不是鬼……

——「無冤無仇的鬼不會找你，沒血沒淚的人才會害你。」

我們的勤務內容有一項叫做「備勤」，我們都俗稱「大備」，這個勤務從法令來看，就是服勤人員在勤務機構內整裝待命，以備突發事件之機動使用，或臨時勤務之派遣。

講白話一點，就是例如晚上八點到晚上十點這個時段大備，那就是這個時段內，所有雜七雜八、民眾報案的事情都是這個時段的大備要受理，或前往現場。大備又有分成所備與線備：所備就是在勤務處所備勤，有人報案再處理；線備就是要出去巡邏，同時身兼備勤，會比較累一點。

警察一天的輪班時間基本上就是十到十二小時，這中間可能夾雜著巡邏、備勤、值班、守望、勤查甚至是擴大臨檢。而有些同事對備勤就很斤斤計較，一天就是只能有一班（二到三小時）備勤。

如果那天臨時有其他人請假或者有其他原因，正副所長排他們兩班備勤就會開始唉叫，開始瘋狂檢視當日上班的其他同事為什麼沒有備勤，又或者備勤比他們少。

可是在他們計較自己備勤比別人多時，卻忘記了自己常常用吵的方式害同事多背一到兩班的備勤，加重別人的壓力與負擔。這些人通常較不會替別人著想，所以也就衍生出各種奇奇怪怪計較備勤的怪事。像我就有碰過那種晚上九點五十八分發生事故，晚上十點零一分勤務中心轉報給派出所要求派遣現場的，那這種案子算誰的？

如果照規矩走應該是晚上十點至凌晨零點大備的人去處理，有的地方是以通報時間為準，有的地方則是以發生時間為準，各地區不一，所以正副主管在所內開會時要先將原則講好，看如果真碰到是要怎麼處理，大家事先講好也好辦事。

一般正常的同事都會覺得反正大家一起處理，誰去誰受理不都一樣嗎！大家都綁在這邊輪，總有一天也是會遇到的，但如果這種比較尷尬的時間，碰到的人是我上面講的那種很在意、計較大備的人就又不一樣了，對，真的不一樣，會變成以他們說了算。

假設他們剛好晚上十點至凌晨零點大備，就會開始推託說發生時間是在晚上九點五十八分啊，應該是晚上八點到晚上十點大備的人去處理；如果他們晚上八點到晚上十點大備，那就會順水推舟說勤務中心通報時間是晚上十點零一分，應該是晚上十點至凌晨零點的大備去現場，反正東躲西閃就是不去現場，那是你的事情，各人自掃門前雪，莫管他人瓦上霜，是你備勤，跟我沒關係。

印象很深刻，這件事情我應該會記到退休的那一天，那年是我正式背槍上線當警察的第一年，派出所內就有一名同事很計較備勤，時常盯著勤務表看，稍有備勤就立刻反應，也不喜歡處理事情跟面對民眾，因此常常看他被民眾申訴、檢舉，是正副主管眼中標準的「待退人員」，聽說他以前是在專業單位❶移撥調出來的，且稱他為銘哥吧。

＝＝＝＝＝＝

銘哥黑黑胖胖的，平時喜歡講話，常常聽他說以前支援刑警大隊和偵查隊辦過多少案子、抓過多少人。他還說自己有法眼，非法人士碰到他都要認栽，可是卻從沒見過他在路上盤查人車，也沒有帶過人犯回來派出所偵辦過。甚至是其他同事線上攔查到通緝犯帶回來，銘哥那個時段明明有上班，但就是沒看到他出現幫忙做卷問筆錄，等到卷宗做完要移送時才不知從哪兒冒出來，告訴所長他可以幫忙值班或押解人犯。

❶ 專業單位：警政署下轄的國道、航空警察局、港、保警總隊，這些單位由於管轄範圍特殊，面對的事情較為單一，相對基層派出所要面對處理的各種雜事較為單純，通常是剛畢業分發成績較高或者在外勤很久的資深學長可以進去。

他對於案件的迴避程度也是一絕，我曾看過有遊客在銘哥大備的時候來報案，表示發生車禍需要警察處理，銘哥問：「你們是從外地來玩的嗎？要往什麼方向呢？」遊客回答出來旅遊而在途中發生車禍，銘哥這時會狀似貼心的建議：「那我跟你們說，人沒事就好，你們先繼續玩，出來玩要盡興，等玩回來再來這裡報，我們都很樂意幫你們處理。」

他用他的舌燦蓮花講到遊客跟他說謝謝，並滿臉笑容的離開，等過幾天該名遊客再回來報案，銘哥已經放假，備勤的也已經不是他，不知道是哪位衰尾道人要幫他善後擦屁股。

還有民眾撿到證件拿來派出所要報案，他跟民眾說證件要拿回去原地放著，等遺失證件的人回來拿就可以了，還說把證件拿來派出所，遺失證件的人如果回到原地找不到的話會很緊張的。

類似這樣規避案件的狀況經常出現在銘哥身上，只因他非常在意備勤，三天兩頭跟正副所長反映能不能不要排他備勤，他的理由是應該給派出所年輕、剛畢業的學弟妹備勤學習，他可以在旁邊指導，讓學弟妹們做中學。

＝＝＝＝＝＝

那天我跟銘哥搭班巡邏，我是晚上六點到八點的線備，剛跟銘哥坐上警車準備出門，就聽到車上的無線電那端傳來不祥的聲音，是勤務中心傳來的。「在某某路與某某巷口有民眾報打群架，請各所線上巡邏人員前往處理。」

我看了看銘哥，他看起來很累，打著哈欠，應該是昨天沒睡好，剛畢業的我聽到要處理事情總是熱血沸騰，滿腔熱血想要將這些社會亂源繩之以法。於是我駕車快速抵達現場，見到一群年輕小屁孩，約莫二十幾人拿著棍棒混戰在一起，當時現場只有我們兩個警察先到場，見現場人數有點多，剛才的熱血沸騰瞬間降為零度。

此時銘哥說話了：「看什麼？趕快下車處理啊！」
我聽到馬上開門要下車，可詭異的是，銘哥居然坐在副駕駛座一動也不動，我問道：「學長你怎麼不下車？」
「這班是誰備勤？是你還是我？」他說。
他說完便把車門鎖起來，繼續坐在副駕駛座，眼神中盡是冷漠，比素不相識的陌生人還冷。我下了車揮出警棍，現場的小屁孩看到警察，有的開始倉惶逃竄，有的則惡狠狠拿著武器向我走來，見警棍沒有用，我馬上拔槍警戒。
其中有幾個小屁孩開口大罵：「來啊！開槍打我啊！你不敢啦！」
「你們也只會對空鳴槍而已啦，沒有用啦！」
「打到我還要賠錢勒！來啊趕快來打我！」
「我就站在這裡！趕快開槍打我領國賠！」
當下其實我心裡的感覺是，大家都是人生父母養，我也只是想平安下班而已，但我還是把槍上膛並大聲喝斥：「不要再過來！再過來我會開槍！」

這幾個牛鬼蛇神依然惡狠狠地向我走來，此時支援警力陸續到場，漸漸的現場警察比小屁孩還多，小屁孩的氣焰才稍微收斂一些。

老學長說得對，以前的警察一個人可以壓十個，現在的警察十個人壓不住一個。

我們把小屁孩上銬帶回派出所準備偵辦，並繼續追查剛剛有些跑掉的漏網之魚，我上了警車，只見銘哥說：「處理的二二六六的（台語），這樣的處理方式不行啦！我跟你說剛剛應該要%#^*¥&$這樣處理！」

我沒有搭理他，默默地開車回到派出所，回到派出所準備製作筆錄，就見到所長匆匆從樓上走下來，我正要跟他報告這件事情，他正眼也不看我，只是一直往派出所門口走去。門口來了一個民代，表情囂張跋扈，看起來不可一世，好像他才是分局長，見到所長便開始飆罵抱怨，所長則笑容可掬的陪笑、挨罵。

民代的意思大致上是這群小屁孩中有幾個是他的朋友，傷害罪是告訴乃論，他們彼此之間也沒有要告，希望我們可以當作沒有這回事，也不知道所長跟他講了什麼，他才表情不悅的離開。

所長請走了該民代，嘆口氣便走來跟我說，「依法處理吧，被罵是小事，如果沒有處理好跑法院很麻煩的，分局長那邊我再跟他報告。」

此時從我回派出所就消失不見的銘哥又出現，他對著所長搭腔：「對啊對啊！那個民代我認識啦，我私底下跟他喝酒的時候再安撫啦！」

此時我怒火中燒，站起身問他：「學長你剛剛是怎樣？直接在車上不處理？」

「咦奇怪了？是我備勤嗎？」他反駁。

「我備勤啊，啊你都不用幫忙嗎？還把車門鎖起來是怎樣！」我非常生氣。

「現場那麼混亂，如果我剛好運氣不好被東西打到受傷怎麼辦？你要負責？」他依舊理直氣壯。「而且是你備勤，本來就是你要處理啊！你在兇什麼？我在當警察的時候你還不知道在哪裡勒！」

我準備掄起拳頭修理他，所長拉住我說：「你人沒事吧？沒事就好，稍微冷靜一點，我等下去買點心來給你們吃。」

銘哥依舊氣焰囂張，劈哩啪啦自言自語著。

此時派出所的老巡佐站出來說話了，「阿銘你這樣真的要改改，就算不是你備勤也要互相幫忙啊，而且你備勤的時候也沒有看到你在處理什麼，不是裝忙就是搞失蹤，每次都嘛是別人去幫你善後擦屁股。」

「我當警察也有一段時間了啦，不用你說教。」銘哥就是不肯認錯。

老巡佐見勸導無效，無奈的搖了搖頭，銘哥說完就又飄走，消失在派出所內。

後來因為他講話輕浮，讓新來的學妹感覺被騷擾，碰到案子依然東躲西藏，就是不去現場，被許多同事檢舉，就被調離開了。

有時候，人比鬼還可怕，鬼不會無緣無故害你，但白癡的同事會。

1-2

你以為的正義，不一定是正義

——「警察的光芒燦爛輝煌，伸張正義，除暴安良。」

在當警察之前，我以為的正義，是像漫畫、電影裡面的警察一樣，充滿熱血、渾身幹勁的英勇抓壞人，滿懷理想、熱心助人的積極辦案子，碰到不公不義的事情要毫無畏懼的站出來，進了警校的時候，學校的教官也這樣告訴我們：「保護好人，不怕壞人。」

每天都要唱的警察進行曲歌詞也說：「警察的光芒燦爛輝煌，警察的歷史我們要重新發揚，軍警一家，警民一體，伸張正義除暴安良。」所以我在警校時早上下午都會利用時間跑步，三千公尺的成績從剛進學校的十八分，跑到畢業時最快的十三分，足足進步了五分。

我記得警校三千公尺的及格成績是十四分三十秒，有許多人都只是練到剛好及格就好，而我會想把自己的體能訓練到最好的狀態，就是想在正式成為警察的時候一展身手，將那些無惡不作的牛鬼蛇神壓制在地上，然後拿出手銬，大喊：「不要動！」

但那也只是我自以為是的正義。

＝＝＝＝＝＝

那天我跟派出所的學長在轄區的治安要點上執行擴大臨檢的勤務，擴大臨檢大概是這樣，時間早晚不一定，一般都會有五到八個警察一起執勤，由分局集合轄下各個派出所跟偵查隊共同執勤，各地方規則不一樣，基本上看分局編制與警力。

「臨檢」是要去各種網咖、夜店、電子遊藝場、青少年經常聚集與幫派份子容易鬧事的地方，查證該場所是否有不法之徒，警示燈一定要開到最亮，讓那些想鬧事的人稍微收斂。之後大家會開著巡邏車繞一繞轄區，簽巡一些金融機構、超商、治安要點，接著就去「擺攤」。

所謂擺攤，指的是在路口或者轄區內比較複雜的馬路上設攔查臨檢點，由帶班的幹部來決定要攔查哪些車輛，常常在新聞上看到警察攔查到毒品、刑案通緝犯，許多都是這樣來的。

當時我二十一歲，同年齡的同學大多還在讀大學，警校畢業的我已經背著槍提早面對社會。在那次勤務裡我是最年輕、從警資歷最短的，搭配滿頭白髮的老巡佐「昌哥」，以及三個其他派出所的學長。由昌哥帶班，一名學長拿步槍站遠處警戒，兩名學長負責攔車警戒，我跟昌哥負責盤查身分。

昌哥從警將近三十年，年紀比我爸爸還大，看他滿頭白髮不難想像他都經歷了些什麼，臉上的皺紋訴說著他這些日子來的歷盡滄桑。昌哥平時是個很好的老學長，樂於分享自己從警的經驗與辦過的案子，還時常請我們這些學弟吃東西、喝飲料，從來沒有看過他生氣，總是笑笑的，碰到事情也總是身先士卒，我很幸運跟著他一起學習。

===

那天的勤務是擺攤到晚上十一點，路邊的人車明顯少了很多，大部分的人都回家休息了，我們一邊臨檢，一邊注意周遭是否有可疑人車。昌哥突然示意一台轎車靠邊停，並叫我先靠近進行盤查，他在旁邊觀察警戒，我走向轎車，請駕駛將窗戶搖下來，車上有兩個人，看起來就不是什麼正經的人，渾身刺青，吃著檳榔，車內還瀰漫著一股濃濃的怪味。

「你好，我們在執行臨檢勤務，麻煩出示駕照行照。」我說。

「什麼？你們是幹嘛的？」他充滿不屑。

「我們是警察，麻煩配合我們出示身分證件。」我說。

「哦要看東西是吧，來啊來啊我這裡有東西。」他準備伸手去拿他的包包。

「你幹什麼！手放方向盤讓我看到！」我馬上向後退並握槍警戒，旁邊的兩名學長聽到我呼叫也馬上握槍注意著駕駛跟副駕駛的位置，手持步槍的那位也跟著警戒起來。

昌哥這時走了過來，用手將我輕輕擠開，他主動靠近轎車，並用老練的口吻請駕駛放輕鬆，此時我站在昌哥後面，隱約看到駕駛座旁邊有類似手槍的東西，我馬上拿起手電筒往裡面照，昌哥馬上轉過來，大聲喝斥我：「好了啦！照什麼照啦！你在幹嘛？」

說完昌哥便轉頭繼續跟駕駛聊天，一改往常和善的態度，這是我第一次見到昌哥翻臉生氣，當下不懂昌哥為什麼要兇我，而此時昌哥跟駕駛有說有笑了起來，駕駛的態度也從原本的輕蔑不屑，變得和顏悅色。

昌哥輕鬆寫意地跟駕駛聊了幾句話，便揮手示意劍拔弩張的三位學長解除警戒，接著就準備要讓這兩名男子離開，我再次走上前，只見駕駛看起來囂張得意，臉上寫著「啊不然你想怎麼樣？」的表情，我還想繼續再上前盤查，昌哥把我拉住，他說道：「你要做什麼？」

「為什麼那兩個人都沒查身分你就要讓他們走了？」我有些生氣。

「啊你是想怎樣？我帶班還是你帶班？」昌哥說。

「不是啊！好歹也查一下證件吧？」我堅持。

「你要查什麼證件？啊我不是查過了。」昌哥態度也很明確。

「學長你哪裡有查，我沒看到啊！」我說。

當下我感到心中的正義正在被踐踏，於是立刻上前與昌哥爭論，甚至是動手拉住他的衣領。他沒有繼續理會我，只是揮手要那兩名男子駛離。當下我感到非常疑惑與氣憤，心中不斷浮現問句，「為什麼昌哥要放那兩名可疑男子離去？」「他們剛剛到底在聊什麼？」

時間很快就到了晚上十點四十分，我們準備收攤接著打道回所，由於發生剛剛那件小插曲，加上心中的疑惑沒有解開，所以我與昌哥在返回派出所的一路上都沒有說話，我專心開著車，他則一言不發的坐在副駕看窗外，車上的空氣凝結到了冰點，氣氛也非常尷尬。

＝＝＝＝＝＝

回到派出所之後他並沒有馬上進去辦公室，而是用走路的方式往轄區熱鬧的夜市走去，我則把東西跟設備先拿進派出所放好歸位。

過了一會兒，便看到昌哥像平常一樣拿著雞排還有大杯冰紅茶走了進來，原來昌哥還記得我喜歡大杯冰紅茶，剛剛在路檢點的面目猙獰早已切換成平時的招牌笑容，這才是平常我熟悉、笑容可掬的昌哥啊。

他順手把雞排還有飲料放在我的桌上，「給你的，微微哦，站這麼久肚子應該餓了齁？」

「是滿餓的，謝謝學長。」說罷我便隨手拿起酥脆雞排開始啃，他則拉了張椅子坐在我旁邊，好像有什麼話想跟我說，但又欲言又止。

「怎麼了，學長你是不是有什麼話想說？」我問。

「沒事啦，我要去外面抽菸了。」昌哥嘆了口氣便起身走向後門，後門是一個大約八坪大的小空間，有張椅子可以供人坐著抽菸，我與他一起走到了後門，然後坐下。

見旁邊沒有其他人，我開門見山、劈頭就問：「學長為什麼剛剛要讓他們離開呢？他們看起來很可疑欸，查證一下搞不好就有刑案績效了阿，我還疑似有照到槍！」

「這個嘛，你還年輕可能不懂。」他長吸了一口菸，接著緩緩吐出來，接著說：「我在差不多你這個年紀的時候，跟你一樣，橫衝直撞，看到什麼事情不順眼就想去打抱不平。有一次我跟同所的同事，也是深夜在站路檢，當時也是攔到一台車兩個人都拿手槍挑釁的，我馬上拔槍喝斥他們下車，我旁邊的同事也跟著一起圍上來，結果對方朝我們開槍，我當時命大，子彈從我旁邊閃過，我毫髮無傷，可一旁的同事就沒這麼幸運了，他被打中大腿，傷到神經，到現在都還沒辦法走路，撫慰金跟獎金早就被各種醫藥費用花光光，我看他家人傷心難過的樣子，心裡也覺得十分愧疚，而長官們也只是意思意思來探望一下就走了，後來他只能調內勤，沒多久就退休了。」

昌哥語重心長的告訴我這則故事，又吸了口菸說：「功是記了，人也抓了，但再也沒辦法走路了。」

他說還好沒有打到致命部位，不然他真的不知道該怎麼面對同事跟他的家人，「我倒寧願當時被打到的是我，這樣也許罪惡感還不會這麼重。」

「學長對不起，我不知道你還有這段故事，剛剛還對你口氣這麼差。」我對自己沒理解學長的用心感到愧疚。

「年輕人有正義感很好，但要量力而為，賊星早晚會敗的，而且你抓了他，過沒多久時間他就又會出來了。」他說。

「你剛來可能不知道，剛剛跟我們一起站路檢的那三個別所學長，一個才結完婚、一個剛當爸爸、一個老婆最近在生病要有人照顧，如果你當下硬要跟他們對幹，那我們五個是不是有人要受傷？他們的家人要怎麼辦？你才當警察沒多久就受傷，我要怎麼對你家人交代？」昌哥說。

聽到這，我只能低著頭看著地板發呆。他接著說：「你也還年輕，還有美好的未來，啊我快要退休了，如果是只有我們五個人受傷也就算了，但五個人代表著五個家庭欸！五個家庭的眼淚！」

我當時真的有被震撼教育的感覺，原來我所認為的正義，不一定是正確的，有可能會害別人家破人亡，眼看菸即將抽完，昌哥又補了一句：「但如果你問我後不後悔當時所做的決定跟判斷，我會告訴你，我不後悔。」昌哥表情堅定的說著。

「為什麼不後悔呢？」我疑惑的問。

「因為我是警察，我心中還是會有正義感，也會想將那些壞人繩之以法，只是代價太昂貴了。」昌哥把菸抽完，站起身來，笑著對我說：「謝謝你聽我廢話這麼久，剛剛兇你我跟你道歉啦，演演戲而已，就這樣啦，我是為了保護你們。」

他能夠一派輕鬆的說完這些陳年往事，心中不知道經過多少次的拉扯與掙扎。昌哥也在我從警第四年的時候登出警界，平安退休，而那一夜與昌哥在後門對談，使我瞬間老了二十歲，我永遠記得他在退休前跟我說過的話，「績效、功獎都是假的，只有薪水跟平安下班才是真的。」

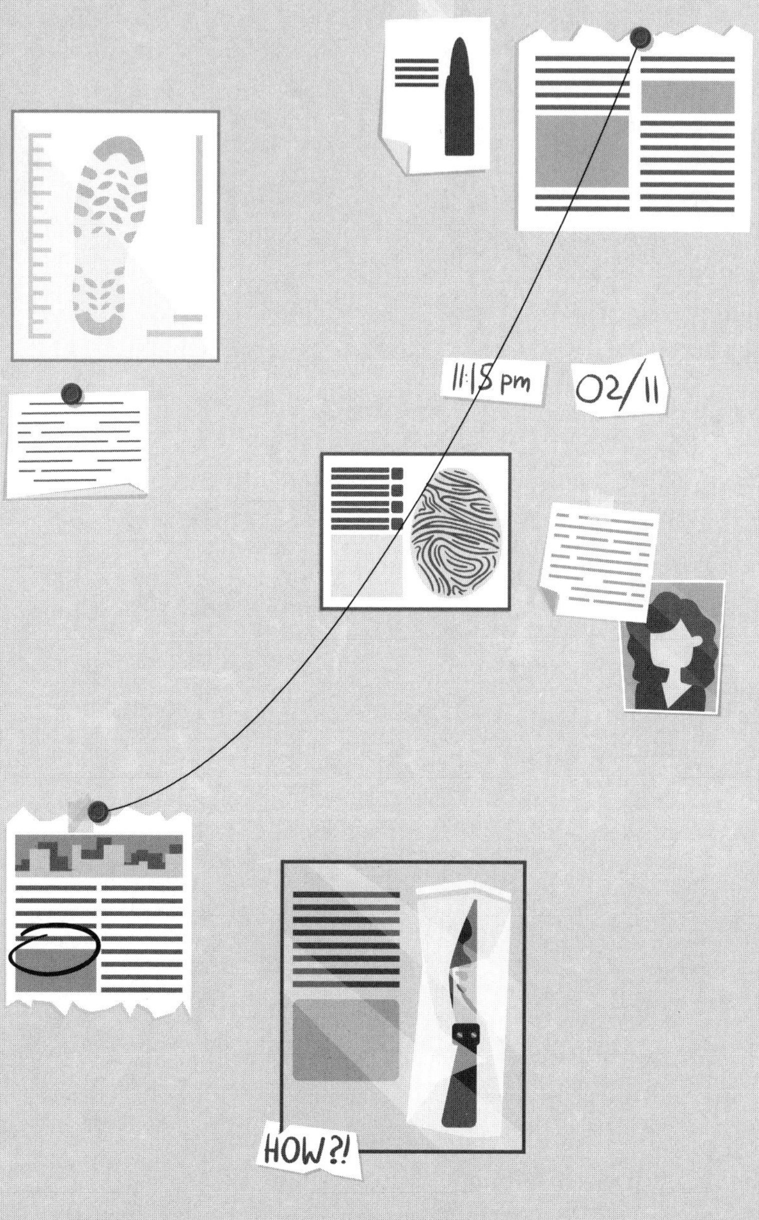
11:15 pm
02/11
HOW?!

1-3

神明的孩子

「對警察而言，我們也許只是一顆小螺絲釘，對家人來說，我們卻是撐起家裡生計的樹。」

——

聽我媽說小時候的我並不好養，常常喜歡在半夜哭鬧，或是整夜高燒不退，讓爸媽忙得焦頭爛額、身心俱疲，每每到了白天想說帶我去看醫生時，高燒卻又沒來由的不藥而癒。

直到某天夜裡，我一如往常的發起高燒並開始哭鬧，那天剛好外公來看我，說也奇怪，我媽說那天看到外公後，我便停止了哭鬧，安靜的端詳起外公，外公則把他隨身配戴的關聖帝君玉珮掛在我身上。後來我媽便帶我去南部有名的關帝廟擲了三個聖茭，進行一些必要的儀式跟程序後，認了關公當乾爹。

其實這些事情我也是長大後看到身上的關公玉珮，問了我媽才知道，對關公其實也沒有到特別熟，只是每次看到祂的雕像都會有種莫名的親切感，好像祂總在我身邊似的，那麼地溫暖。

＝＝＝＝＝＝

後來當了警察，資深學長都會叮囑我，只要有去刑案現場，都要把警帽戴好，沒事不要拿下來，因為警帽上有警徽，帶有正氣，可以驅邪鎮煞，可以防止一些不好的東西干擾。

而我身上的關公玉珮，每當我接到刑案或報驗去現場處理時，都會慢慢的發燙，越來越熱，好像快要燒起來的感覺。同時我身上也會散發出一股熱氣，開始流汗，彷彿身體自帶暖爐般。說也奇怪，每次只要碰到比較棘手或複雜的案件，玉珮發熱後，事情都會迎刃而解。而去到有遺體、殘肢的刑案現場，也會有種說不出的安定感，好像有個人在旁邊陪著我處理事情一樣，就不會感到害怕了，也不會覺得徬徨了。

在派出所大輪班將近三年左右，因為看到違規喜歡攔車，常常因此不小心攔到槍、毒或酒駕，每天都在城市裡穿梭，開啟警示燈實現著我心中的小小正義。

我知道壞人永遠抓不完，但我就是喜歡把壞人繩之以法的成就感，他們要面臨怎麼樣的審判與結果我不了解，我只知道將其移送法辦，罪犯也許會因為稍微感到畏懼而不犯案，進而達到嚇阻作用，甚至是洗心革面、誠心檢討不再危害社會。

碰到「警察之友」，這是指不知悔改、劣根性重的人，因常常被抓，貢獻許多刑案分數，我都叫這些人警察之友，將他們繼續抓、繼續移送，總有一天會被關久一點。

後來長官看我喜歡辦案，就推薦我去考刑警，體驗一下真正的警察在做什麼。長官覺得派出所的制服警察工作太雜了，包山包海兼包尿布還包被罵。

在長官的建議之下，我便去報名考刑警，正式被推入火坑。

進到偵查隊報到的第一天，我才知道原來刑警不像電影裡演的，整天辦案找線索、追緝十惡不赦的嫌犯，跟歹徒在街道裡警匪槍戰，而是「公文移送隊」。

有太多雜七雜八的公文要移送或簽陳了，還有處理不完的各類案件，堆積如山的刑案公文與案件陳報單，加上長官們喜歡玩的新花招，「績效評比」。

雖然長官對外都說已將績效評比廢除，以降低員警們的績效與辦案壓力，但實際上是換湯不換藥。每每開會時就會把績效表現最普通的那一個單位點名：「該你們表現了吧？你們有領薪水欸，整天在那瞎閒晃要幹嘛？」

「如果沒辦法抓槍抓毒，就看要不要改調制服吧。」

「大隊（分局）長最近要升了哦，趕快拿出一點東西來看看吧，不要害到老闆前途！」

因為以上威脅、恫嚇的話，變成執法的警察，常常因為績效問題，遊走在法律邊緣，鋌而走險做違法、濫權的事情，只為了讓長官們高抬貴手，得以暫時喘口氣。

當然也有擺爛不做事的人，這種人通常是資深的老學長，或者不在乎年底考績，只將警察這份職業當作混口飯吃的工具的人，長官對這些人最沒輒，叫也叫不動，恐嚇他也沒在理，左耳進右耳出。而我最佩服這些人，長官怎麼飆罵他都沒有在管，上班喇低賽，下班搞消失，長官總會威脅這些人要將其調走，但這往往影響到長官自己調走或升遷離開，所以這些人仍不動如山。到了最後就會產生惡性循環，會做事情的人長官就會多派事情、業務給你接，幫那些不做事情的人善後擔屎，真的很不公平。

碰到比較公平的長官會在年底用考績撫慰你一整年受傷的幼小心靈，但我也有看過任勞任怨、積極辦案做事的同事，從警四年考績沒有拿過甲，反而是那些沒業務、擺爛沒績效的，因為懂得捧懶及阿諛諂媚年年考績甲，這點我相信各行各業皆是如此，畢竟有人的地方就有江湖。

＝＝＝＝＝＝

很快的，我跟同事就接到一則線報，在轄區內海邊的某間廢棄工廠，常常有許多不同幫派的可疑份子在半夜聚集，向長官報備之後便計畫喬裝成工人前往探尋，或者假裝是賣魚的攤販。

這時我們會做喬裝，身上穿著吊嘎，肩膀掛著毛巾，身上還放一些魚鱗充當裝飾，在經過幾次的近距離觀察與閒聊後，赫然發現原來這些小屁孩跟我們一樣，都在下午或傍晚時假裝成漁工，將漁船開到岸邊，在半夜假裝將魚貨分裝，實際上是將走私來的毒品與槍械分批藏好，再分好幾批用車載走，流入市面。

頭一次參與這類較為特別的刑案偵辦，讓我終於覺得自己比較像個電影裡演的「刑警」，要準備出發去抓壞人了！

在完成各種事前準備及報請相關單位、長官後，我跟同事準備在一個月黑風高的夜晚突襲。要準備前往突襲的前一天，我們早早就上床睡覺，養足精神，為凌晨起床做準備。

當警察之後由於日夜顛倒，幾乎跟「失眠」絕緣，但這一夜我卻一反常態，翻來覆去，遲遲睡不著覺。也許是心裡面緊張，好不容易熬到睡著，睡著後我便夢到一個發著紅光，高大的身影看著我，對著我搖搖頭，但這身影的臉部並不清楚，但祂出現時我感覺到無比溫暖，祂彷彿有什麼話想對我說，但又一直沒開口，直到我醒來，這奇怪的夢才結束。

還記得當時時間是凌晨兩點四十分左右，是大部分人在休息的時間，我們打算利用深夜前往現場看能否查出點線索。我跟同事到了停車場，準備發動偵防車，（※偵防車：也是警車的一種，只是外表跟一般車輛一模一樣，沒有任何警徽標誌。）奇怪的是，偵防車怎麼發也發不起來，後來我與同事只好回到辦公室拿別台偵防車的鑰匙，結果換了別台一樣發不起來，只好打電話叫別的小隊的同事派車過來載我們。

好不容易到了現場，現場的長官分配完任務，便下達命令開始分頭行動，我與兩名同事被分配到行動組，跟著大部隊火力一起進入廢棄工廠，裡面非常的漆黑，我們壓低身子走著，突然不知道從哪裡照出的一道光打在我跟同事身上，我們頓時變成移動標靶，開始槍聲大作。

我與同事為了找掩蔽物所以各自散開，而此時我身上的關公玉佩又開始發燙，我趕緊蹲下，說真的，槍戰的時候看到人根本就不知道誰是誰，場面十分混亂，加上腎上腺素激發，才不會像電影裡演的那樣還可以瞄準、精準射擊。

實際狀況是當下的手好像得到帕金森氏症一樣，抖到不行，根本沒辦法瞄準準星，所以我放棄開槍，而是找了塊角落先暫時喘口氣。

此時我發現了角落裡有個小孩子的黃色銅像，他的臉蒙著紅色的眼罩，看起來格外邪門，姿勢趴坐著，讓人感到不寒而慄。正當我喘口氣後準備再繼續移動與同事會合，卻發現我的腳像是被人拉著似的，沒辦法動彈，那種感覺不是腳麻無法行走，而是腳被人拉住沒辦法移動。

此時身上的玉佩像是感應到什麼似的，燙得使我受不了灼燒的感覺，而將玉佩拿出來放在衣服外。說也奇怪，當我將玉佩拿出來後，角落裡的小孩子銅像就自動往下倒，腳上被拉住的感覺也瞬間不見，馬上恢復正常的行走能力，而玉佩的灼熱感也漸漸散去，我拿著槍穿梭在槍聲交雜的建築物裡，頭腦一片空白。

不知道過了多久，慢慢的，只剩下警察在喝斥趴下的聲音，我們破獲了一個小型的毒品中繼站，起獲許多毒品與制式槍枝，而警察局裡面官階較大的長官也戴著好幾條線的大盤帽，晃晃悠悠的走到現場，開始對著媒體記者說話：「謝謝、謝謝大家，因為我們單位積極的偵查與長期布線的努力，以及我們局長的指揮領導下查獲這起……」

在攻堅火拼的時候沒有看到他們，查到東西了就出現開始講官腔官調，這時同事走了過來，笑著對著我說：「還好、還好！還好有查到東西，可以暫時休息一個月了。」

也是，有查到東西才有長官破案茶，拍照留念發臉書，如果沒查到東西，長官笑不出來，連帶我們這些人也沒有好日子過，這就是食物鏈。

此時我想起了剛剛角落那個小孩子的雕像，我趕緊走回剛剛那裡，卻沒有發現任何小孩子的雕像，我不死心的找遍了現場所有類似的角落，都沒有看見，回到辦公室後立刻上網查詢，原來當時我看到的是泰國有名的「古曼童」。

相傳古曼童是用來招財保平安的，跟泰國的嬰靈信仰有關，由泰國的佛寺和尚使用法術將嬰兒的靈體放入雕像中，屬於正陽之靈，但有些走私販毒的不法分子，會利用旁門左道將其用在非法害人的勾當上，幫助自己從事非法的行為，形成惡性循環。

＝＝＝＝＝＝

人生第一次經手這種較為特別的案子，嚐到了當警察的成就感，當晚特別好睡，一躺下去沒多久就睡著了。夢到了之前夢中的發紅光的大型身影，這次祂的形狀特別明顯，臉部表情也十分清楚，我恍然大悟原來是關公！祂身高大概兩百五十公分，眼睛睜大的看著我，手裡拿著一本書，而祂的身邊則多了一名小孩子，也拿著書有模有樣的研讀著。

關公開口說話了：「傻孩子，你誤入歧途，被壞人叫去做壞事，在我身邊隨我修行吧。」

這夢只做到這兒，我醒了過來，發現胸口的玉佩有稍微變黑，怎麼擦拭都擦不下來，這時手機亮了起來，是我媽傳來訊息，「你乾爹來找我，說要你多去廟裡看看祂啦。」

剛好破了這件案子可以稍微喘口氣，便利用放假去關帝廟找我乾爹拜拜，關帝廟裡的乾爹看起來莊嚴神聖，跟夢中的祂不太一樣，夢中的乾爹比較親切溫柔，無法解釋的是，當我去看完乾爹，從廟裡走出來後，身上的玉佩又回復為原來潔白無瑕的樣子。而這塊玉佩，一直到現在，仍會在我有需要的時候持續發燙。

1-4 巡邏碰到的奇怪事

——「警務工作怪事一籮筐，而我相信秉持著正念，互相尊重應當就能平安……吧?!」

這是自己之前在派出所碰到的真實事件。

那是一個半夜00－02的巡邏班，我搭配從警二十幾年的老學長。學長在出發前例行公事的問了問：「想抓嗎？」

「三番，我有點累，學長你呢？」

「老地方守望。」

所謂的「抓」，指的是巡邏時加強人車的盤查，認真的查證每一個可能違法的人，藉此增加盤查到不法人士的機會。

鴿子工作日夜顛倒，處理各種壓力及問題，常常要面對各種負面的情緒，每天都覺得睡不飽，夜深人靜時找個角落稍微休息一下是人之常情，休息完畢還是要記得認真工作（笑）。

於是我們把必簽的金融機構巡完後，一如往常的開到轄區某間較為偏僻的學校，這間學校剛好位於山腳下，由於附近住戶也不多，半夜又黑漆漆的沒有燈，成了治安死角，我們便常常來這裡「加強巡邏」。

正當我跟老學長到達定點，關掉巡邏燈，下車簽完巡邏表，準備上車認真實行守望勤務時，校門口旁的殘障坡道突然傳來聲音。

「嗚嗚嗚……」是有點像女生的哭泣聲。

我心想，三更半夜的這裡怎麼可能會有人呢？

「學長你有聽到嗎？」

「有，這麼晚了這裡怎麼會有人？」

我心想該不會是有深夜未歸的少女需要幫助吧，便拿起手電筒往傳來聲音的方向照，結果一個人影也沒有。且聲音在我手電筒燈光照到時便停止了，我以為是上班太累出現幻覺，關掉手電筒準備回車上了，這時殘障坡道出現了小跑步的聲音，我立刻打開手電筒往聲音的來源照，依然沒有人，且聲音一樣隨著燈光消失。

我看了看老學長，他的表情告訴我，他也有聽到一樣的聲音。兩個人上了車後將車門關起並上鎖，準備進行一小時的定點犯罪防制。

「碰！碰！」

突然我駕駛座旁的窗戶和前方的擋風玻璃，出現兩聲劇烈的拍打聲，我準備下車查看到底是誰在惡作劇時，外面傳來一聲淒厲的尖叫聲。

「啊！！！！！」，是女生尖叫的聲音，那聲音好像正在被割喉嚨般難聽、尖銳。

同時，車外似乎有東西正嘗試打開車門，幸好我們上車時已將車門鎖住，車門沒辦法被打開。

只見老學長表情驚訝，馬上開啟車上的警示燈，外面的東西才放棄嘗試開車門。

我準備解鎖車門下車，老學長說話了，「走了走了，外面根本沒有人，不用看了。」

他平淡的掩飾著自己剛剛緊張的表情，但他緊張到跳起來的模樣早已被我看見，我們趕緊將車開離學校，再行找地方守望。

他聊到：「剛剛沒有人，對吧？」

「對啊，聲音出現時我看窗戶連影子都沒有。」

「你居然還敢看窗戶，應該是被我們遇到了。」

我們倆很確定當時四周圍一個人都沒有，那方才在外面我們聽見的東西究竟是什麼呢？本來我也是不太相信有鬼神之說，而是工作的這些日子碰到太多離奇古怪的事情，但我仍相信秉持著正念，互相尊重應當就能無事。

1-5

是非・黑白

——「面對利益，是選擇正義、還是卑躬屈膝。」

警察要顧忌的事情太多。

由於地方警察的預算是由各地方政府及議會掌控，各項預算及經費來源都需要地方政府及議會撥補，若稍有不慎得罪了各方勢力及派系，後果就是變得經濟拮据，設備老舊也沒有錢換新。

這些複雜的原因，使得原本單純的交通取締案件或處理糾紛事件，碰到關係、背景、「民代」及「議員」就會變質。

我個人就碰過攔查闖紅燈的民眾，他下車便對我說：「我認識陳議員，別這樣吧，都認識的！」

還有處理家暴案件，老公長期對老婆施暴，我們剛到現場，民代助理已經在旁邊蠢蠢欲動了，他只是靜靜的站在一旁抽菸，看我們的眼神滿是不屑，我與同事花了好長的時間，才讓激動的老公冷靜下來。

當我們準備把老公帶回派出所通報處理時，助理這時才慢慢的走過來，用一副他很趕時間要趕快走的口氣說：「也處理太久了吧？我老闆說男生是他親戚，要你們看著辦哦！」

他也沒有挑明的說希望的處理結果，但口氣與眼神已透露出他的目的。

就有人會好奇，如果一切都照規定處理，會怎麼樣？

其實也不會怎麼樣，嚴重一點就是被冠上罪名調職、列管制輔導對象；輕微的則是害主管去跟民代低頭道歉。

主管被洗臉完回來，通常也會要你跟他道歉，聽他講職場倫理及人生大道理等等一堆沒有實益的屁話。也因此民眾常會看到警察做事綁手綁腳、畏首畏尾，躲這個閃那個，做很久等退休、本來心態就不正確擺爛的不說，許多剛畢業兩三年，原本滿懷熱忱，認真積極的警察，在這種詭異、畸形環境的摧殘下，久而久之也會變得麻痺，漸漸的選擇視而不見，越閃越遠。

警察警察，警告你不要查。

======

分享一則我親身經歷的夢境，如有與現實雷同，都是我自己夢到的。

這是我還在派出所當制服警察的時候碰到的，當時我因為對辦案產生興趣，已經報名考刑警，派出所有一個很特別的編組，叫做「專案」。

專案的意思就是，專責刑事偵防案件的績效，講白話一點，就是分局要求派出所要拿出刑案件數來交差，由正副主管挑選或採自願（各地玩法不一樣）的員警參加。這些跑專案的人基本上不用跟著派出所一起輪班，（有些同學說他們的單位跑專案也要輪深夜勤）也不用穿制服在派出所受理各類案件，可平時要做的就是穿便服去小吃部、酒店、網咖還有一些容易犯罪的地方，到這些地方找刑案，抓槍抓毒抓通緝。

有點類似派出所臨時組成的刑警，但他們其實還是屬於派出所編制內的行政警察，長官常常在喊警力不足，警力其實沒有不足，只是被浪費在各種奇怪的地方罷了。

這些跑專案的學長姐，平時穿著便服，與一般民眾沒什麼差別，除非認識他們，不然根本不知道他們是警察，是故有剛畢業的學弟因此鬧了笑話。

一名剛畢業掛階的學弟在值班，我待的派出所是大所，一個派出所四、五十人，我們都是固定跟幾個人上班，除了朝夕相處的這幾個人比較熟悉之外，其他的同事很多只知道名字，根本連看都沒有看過。

當時專案的學長利用放假帶了個通緝犯回來，進來就很自然的走到位子上打開電腦準備做資料，那名學弟見狀，小跑步過去，大聲的問：「你是誰？怎麼可以用我們的電腦？」

專案的學長先是愣了一下，還沒來得及回答，學弟又說：「你帶了一個人進來，是他要報案嗎？」

此時去完廁所的老巡佐緩步地走出來，笑著說：「他是你學長啦，跑專案的，你值班趕快去幫忙做資料，跟所長講，排班送人犯。」

學弟抓抓頭，趕緊跟專案學長道歉賠不是，這名專案學長都會利用放假時間去找通緝犯，績效卓越被所長稱作「所內台柱」。

每當派出所刑案績效短缺時，所長就會要求學長去找通緝回來，讓他去分局不會被點名，偶爾還可以拿茶葉罐跟局長、分局長合照發臉書，獲頒好警察殊榮，滿足長官們的虛榮心。

這天專案學長一如往常的銬著通緝犯回所，我當時值班馬上打開電腦開始幫忙做資料，這名通緝犯則是一臉不屑，並質疑專案學長，為什麼可以穿便服把他帶進「派出所」，而非刑事「偵查隊」。

而且在逮捕的過程中，因為與學長扭打，導致他身上有多處擦傷，手上的錶也壞了，他對此感到非常不滿，一直表示要投訴、檢舉。

然而，警察的敵人往往都是自己人。

＝＝＝＝＝＝

此時剛好有個與專案學長不合的同事上班，他便在旁嚷嚷：「放假還可以抓人哦？你放假是警察嗎？這麼認真？有排班表還是跟所長報備嗎？」

這番話被通緝犯聽到，他變得更加不爽，當即表示要找認識的議員來了解，而這個同事趁機火上加油，打電話給所長打小報告。

對我們來說，「議員」兩個字是非常敏感的，尤其這個議員又是本轄區的，對於分局及派出所的預算有一定的影響力。

所長聞訊趕緊從宿舍走下來，了解狀況後打算將原本放假的學長改為有上班，編排勤務給學長，結果這名通緝犯開始大吼大叫：「我都聽到了哦！明明就放假為什麼可以抓人？」

我聽到後便回應他：「不管有沒有放假，你通緝警察本來就有權利抓你啊，小聲一點啦，這裡不是你家哦。」

他則對著所長繼續吼叫：「你是所長嗎？你知不知道我認識你們警察局的長官？你們長官看到我都要敬禮你知道嗎？」

所長無奈的嘆了口氣，示意專案學長到一旁說話，此時那位與專案學長不合的同事，打了電話給議員，請他立即來所內了解。

我看不下去，問那名同事：「學長，你為什麼要這麼做？」

「你懂什麼？我在幫你們欸，他一直抓，分數一直衝，我是在幫你們除掉年底考績的敵人欸。」他一邊說一邊冷笑著。

「可是，學長明明這麼認真，休假還跑去抓通緝，你為什麼要這樣對他？」

他沒有再回應我，只是持續對著電話加油添醋。

通緝犯在場也拒絕製作筆錄，態度極為不配合，堅持要等議員及律師到場才願意開始做筆錄。

非常有趣的景象，幾個警察乖乖的在辦公室內聽著通緝犯咆哮，彷彿學生在聽老師訓話般，不知道過了多久，議員就帶著律師一起走進派出所，他們兩人西裝筆挺，用帶有命令的口吻質問所長：「所長，你們的人也真沒意思，放假還去處理我表大舅子哦？這樣可以嗎？」

「報告議座，可以的，通緝只要是警察都可以抓，不管上班放假都可以。」所長小聲的回應著。

「哦這樣哦，那沒什麼好說的，給你們處理吧。」他滿臉不屑的說著，我在現場還觀察到，議員與那名打電話通風報信的同事點頭示意，彷彿他們兩個本來就認識般，通緝犯見律師及靠山都來了，態度轉為和善，開始配合我們製作筆錄，卷宗處理好之後，所長要我跟他一起送人犯，並表示要專案學長先回家休息。

本以為這件事情會就此落幕，豈料我與所長剛把人犯送到地檢署，所長就接到所內值班同事的電話，專案學長與那名抓耙子同事在辦公室衝突。

兩個人在辦公室先是起口角爭執，後來抓耙子同事動手推專案學長，兩個人便在辦公室直接上演「全武行」。

所長掛掉電話，要我趕緊載他回所內了解，並對著我嘆氣：「唉，專案學長惹錯人了。」

我問所長怎麼這麼說。

所長看著我無奈的搖了搖頭：「抓耙子學長有背景，他親戚是局裡的長官，同學就是剛剛來的議員，他們兩個是很好的結拜兄弟。」

聽到這裡，我繼續問所長：「那所長……怎麼辦……接下來你想怎麼處理？」

「我也不知道，看事辦事吧。」

接著在回所內的路上，所長又陸續接了幾通「關心」的電話，內容大概就是暗示所長要好好處理。電話那頭的人認識抓耙子學長，所長如果處理得好，升官立功只是早晚的事情。

十五分鐘的路程，彷彿幾小時般，令人坐立難安。

＝＝＝＝＝＝

終於回到了所內，所長馬上走進所內了解情況。抓耙子學長早已不知去向，只留下專案學長狼狽的坐在辦公椅上。

專案學長看到所長，兩人便走到後面吸菸區說話，我坐在辦公室內，聽著兩人在吸菸區大小聲，雖聽不清詳細談話內容，但可以聽到所長大聲的說話，好像在教訓專案學長般。

過了一會，專案學長先從後門走進辦公室，收拾東西後便低著頭走出派出所，所長過了一會才從後門走進來，我馬上湊上去問所長：「所長所長，討論的如何？」

所長看著我，眼神滿是無奈的對著我說：「我請專案學長去跟抓耙子道歉，他不願意，堅持要提告傷害，還要去跟督察單位舉報這件事。」

我問所長：「學長這樣做很好啊，為什麼你看起來很煩躁呢？」

「其實於公於私我都希望他這麼做，但重點是抓耙子學長的背景及人脈，我們惹不起啊……」

他說完，頭低低的進去所長辦公室，並把門關了起來。

聽完所長剛剛說的那番話，我獨自一人坐在辦公室發呆，不知不覺便到了晚上，專案學長應該也知道事情的複雜性，明明是休假，卻又回到所內，看起來心事重重。

所長告訴專案學長，這件事情上級要求兩個人都要被處分，兩個人都要調職，並接受行政懲處：先挑起紛爭的要記過調職，另外一個是申誡調職。針對放假還跑去抓通緝犯這件事，分局也要所長跟專案學長寫報告說明。

而此時，那名抓耙子學長昂首闊步的走進所內，帶著他在警局內擔任要職的高階親戚進來，高階親戚說只是來了解情況，並要求所長「秉公」處理。

抓耙子學長告訴所長，要懲處要調職他沒差，但希望所長可以在調查報告內表明支持他的立場，幫他說話，他才是真正的「被害人」，否則會有什麼後果，所長應該也知道。

所長聽後笑了笑，不發一語。

接著那名高階親戚見我跟專案學長在旁聽他們說話，就示意所長要進去所長辦公室談，所長趕緊把兩位老兄請進所長室內，關起門窗，商議後續處置作為。

我懷著忐忑的心，順便關心專案學長：「學長，還好嗎？放假去找績效抓人還要被這樣欺負，辛苦了。」

「沒事。我也知道自己闖禍了，共事這麼久，不想給所長帶來困擾，要怎麼樣我都沒意見。」

他嘆了口氣，淡淡的說著。

「那所長意思是想怎麼處理呢？」我問。

「他希望我不要提告不要追究，然後跟抓耙子道歉，我才不要呢！我也有被他打啊！」

「可是抓耙子學長好像來頭不小，這樣是不是對你跟所長都會有影響？」

「我又沒差，有關係就可以欺負人哦？那要警察衝殺小？門關起來大家都去選舉就好了啊！」

正當專案學長義憤填膺的說著，所長與兩位老兄突然開門走了出來，高階親戚用肢體語言暗示所長，所長趕忙叫專案學長當面跟抓耙子道歉賠不是，但專案學長腰桿子打直，堅決不道歉。

高階親戚用一種很不屑的口氣說：「警員就好好當你的警員，不應該給長官帶來麻煩，你們所長本來有機會升的，因為你這樣他可能要多當好幾年的警務員。」

專案學長聽到，表情凝重的看了看所長，約莫掙扎了二、三秒吧，專案學長才不甘不願小小聲的說：「對不起，是我錯了。」

看到專案學長低頭認錯的那一刻，我既無奈又憤怒，只是雙手握緊拳頭，卻什麼都做不了。

抓耙子學長笑著告訴專案學長：「知道錯就好，賭爛你很久了，一直想找機會處理你，放假不放假還在那邊搶風頭，你以為你是誰？」

說罷兩人便意氣風發的走出派出所，留下滿臉委屈的專案學長及所長。

在我當時看來，正義其實也就是兩個字而已，利益、關係同樣也是兩個字，但比正義有用多了。

分局、派出所績效評比需要你的時候，叫你去找去抓，當你不慎跌倒的時候，你被當成免洗筷丟掉，我以為當警察是要滿懷正義感、不卑不亢的，結果真實的警察居然是這副模樣。

不只跟電影演的不一樣，也與警校教官說的大相逕庭。

所長，是我們警專畢業的老學長，從警十幾年才考上警察大學，胸前佩掛二線二星警務員，等待兩位老兄走後，所長把我跟專案學長叫去。

他沉思了一會，告訴專案學長：「我挺你，你去檢舉他，他那個嘴臉我實在看不下去了，調查報告我會敘明是他先動手的。」

「可是……這樣對你會有影響吧？」專案學長疑惑的問。

所長隨手拿起桌上的警帽，摸了摸帽子上的警徽，「不管結果怎麼樣，別忘了你們剛畢業的熱忱跟初衷，記得要當個好警察哦。」他淡淡的說著。

那時，他手上帽子的警徽彷彿在發光。

說來可笑，新聞上那些違法亂紀歐北來的警察記過調職；放假努力滿足派出所績效需求的認真警察，其下場也是被記過調職，

唉，原來違法亂紀跟認真積極的結果是一樣的。

＝＝＝＝＝＝

過了幾天，上級發布人事派令，所長因內部管理不佳記一支申誡，調離主管職務；專案學長被調到偏遠地區，記二支申誡；抓耙子學長調到分局警備隊，記二支小過並因

這次衝突事件，情緒管理不佳而被列為管制輔導人員。

放假抓通緝的事情，所長也有向督察單位報告，一切都是他授意，不關專案學長的事。所長用他的職務來守護專案學長，用他的警察魂來捍衛警察的尊嚴。

這件事情讓我明白，有時候，正義不一定只能跟現實妥協；尊嚴是自己給自己的，如果為了升官發財，把情跟義都拋諸腦後，那胸前的星星再多又如何呢？

我會一直銘記所長說的那些話，保有善良與熱忱，高舉不能熄滅的火，直至脫下身上制服的那一天。

POLICE

PART 2

不拎GUN的警案現場

2-1 詭異的監視器畫面

——「在無聲無息的監視影像裡，是她正在暗示心裡的恐懼。」

時間過得真快，還記得幾年前，剛從警校畢業的我被派任到繁重分局，每天都要處理各式各樣的報案與雜事。我所在的轄區內有車站、交通要道、百貨公司及商圈等等，店家林立、人聲鼎沸，也因為人口數較多，時常會有報案電話，如果有民眾打一一〇報案，值班台電腦就會發出reveille[2]悅耳的登登登報案音效。

有聽過學長用這首reveille的聲音當手機鈴聲，某幾次在搭捷運時手機響起，大部分乘客其實沒有什麼特別的反應，但學長發現幾次下來，有些乘客對這音效的反應特別不一樣，有的會眉頭深鎖、有的會表情不耐煩、有些看起來惶恐緊張，也有的則是會心一笑。而會有這些反應的大都是同行或曾在警察單位服務過的替代役，這代表著，每當報案鈴聲響起，也是警察出動的時刻。

＝＝＝＝＝＝

事情發生的那天，正值傍晚下班時間，人潮車流湧現。一如往常的，我在車水馬龍的路口拿著發光指揮棒，執行交通指揮勤務，吹著哨子、引導車流，此時胸前的無線電響起：「山溝呼叫山洞三！山溝呼叫山洞三！」

是所裡值班的同事正在呼叫。

---

❷ reveille：部隊起床號的意思，一般為小喇叭演奏，獨特高亢的聲響聽過就不會忘哦。XD

「山洞三回答。」我回答。

「麻煩返所一下，現在外面兩網巡邏都在線上處理事故，所內有民眾報案表示需要緊急協尋。」值班的同事說。

「收到，馬上回去。」我回。

我馬上收起指揮棒，騎機車返回派出所，一回到派出所門口就看到裡面一對男女神情著急，我立即上前詢問狀況。

男子激動的說：「我媽媽失蹤了！今天早上還有看到她！我們下班之後她就不見了！你們一定要趕快幫我找到她啊！我跟你們說甄大緯議員是我的換帖兄弟，你們一定要趕快幫我找到啦！」

我和緩的問：「那媽媽大概幾歲呢？有沒有什麼特徵？早上看到她的時候是穿什麼衣服？身上有沒有手機電話？」

「我媽媽八十四歲！身高不高駝背很嚴重，頭髮花白穿著淺綠色的棉上衣休閒短褲，如果她有電話我就打給她了啊還來找你們幹嘛？」他不耐煩的表示。

正當我要繼續詢問男子其他相關問題時，旁邊的女子開口說話了：「而且她不會騎機車，平時頂多在附近散步走走，她意識很清楚，只是年紀大了我們也擔心她一個人在外面有危險。」

這名女子的態度明顯和緩親切許多，跟旁邊著急的男子形成強烈對比。

聽到他們提供關於失蹤老阿嬤的資訊後我研判：

一、以阿嬤的年紀及行走能力應該是不會走太遠。

二、可以從早上開始調閱住家附近監視器。

三、去住家附近問看看有沒有人看到阿嬤往哪走。

向所長報告這件事情後我立刻動身前往阿嬤住家的附近調閱監視器，並詢問附近鄰居有無見到阿嬤往哪個方向走，剛好阿嬤家對面的路口有一支里辦公室的監視器，照的方向正好就在阿嬤家的門口，我馬上聯絡轄區里長前來幫忙打開監視器主機，然而接下來的畫面卻讓剛當警察的我永生難忘……

我在主機輸入阿嬤失蹤前的時間，調閱出阿嬤失蹤前的影像，只見畫面中的阿嬤從家裡走到門外，似乎在跟什麼人對話，還搭配肢體動作，比手畫腳，看起來越說越激動，最後跑到旁邊的防火巷蹲下，開始左顧右盼，表情惶恐像是受到了驚嚇，她就這樣蹲在防火巷蹲了將近三十分鐘。

這段期間旁邊完全沒有人，阿嬤嘴巴動著，像是在跟人講話，但是她旁邊根本沒有人，監視器內時間大概過了三十分鐘，阿嬤終於站起來往旁邊慢慢行走，直到離開監視器畫面。有了阿嬤移動的方向，我心中的大石頭暫時放下，抱著希望趕緊調閱下個路口的監視器，就這樣沿著阿嬤的足跡沿路調閱監視器，起初阿嬤都是駝著背慢慢走，速度相當緩慢。

詭異的是，阿嬤的行走速度突然加快，走路的姿勢也越來越奇怪，從一開始駝背走路的姿勢變成有些扭曲，手腳偶爾還會打結看起來快要跌倒，阿嬤就這樣從家裡走過了郊區，再經過郊區用奇怪的走路方式，走到了某處入山的產業道路。

而我調閱產業道路路口的私人民宅監視器時，還看見阿嬤要走進山區時，對著監視器這端，臉部露出詭異的微笑，身體手舞足蹈。她看起來像是要出門遠足般，把監視器當成照相機拍照留念，之後便轉頭進入山區。而這片山區我事後用google地圖去計算，已經距離阿嬤家三十九公里，普通行走這個距離如果不休息，至少也要花十幾個小時，而此時的阿嬤卻只花了不到八個小時……

一知道阿嬤最後出現的身影在這片山區，我馬上通報勤務中心及所長，請勤務中心與所長調度警力支援，並通報民間山區救難單位前來搜救，此時的山中漆黑一片，伸手不見五指，而我也開著巡邏車打開警示燈閃著，啟動警示燈最亮的爆閃模式，照亮了夜晚中的產業道路，也希望阿嬤如果在附近可以看見。

在我們團結努力的搜救行動下，總算在半夜將近凌晨零點，阿嬤進入山區約七個小時找到人。她一個人橫趴在一處小溪流旁，找到她的是民間山區搜救隊的人，慶幸的是當時是夏天，氣候溫暖，山區只有稍微感受到涼意，不至於因為太冷而導致失溫，阿嬤獲救時看起來身體狀況還算正常、無大礙。

在救護人員簡單包紮時我好奇問了阿嬤：「阿嬤妳怎麼這麼厲害可以走這麼遠？」

「有嗎？我一直以為我待在家裡睡午覺，也不知道為什麼醒來眼睛睜開就躺在這裡了。」阿嬤用流利的台語回答我。

「那阿嬤妳知道這段時間妳自己做了些什麼嗎？」我馬上用台語接著問。

「不太記得了，只知道我在睡午覺的時候有個小男生來找我，說要我帶他出去玩，就這樣。」阿嬤說。

「那個小男生還有說什麼嗎？」我問。

「沒有，只說要我帶去很好玩的地方，我也不知道自己怎麼會走來這裡。」阿嬤回。

阿嬤看起來很疲憊。

「阿嬤妳知道我是誰嗎？」我想確認她的意識。

「廢話哦，你是逮林❸啊！」阿嬤說。

看她意識清楚頓時也鬆了一口氣，我們先將阿嬤送往醫院做檢查，並告訴報案的那對男女找到阿嬤的消息，男子馬上表示要立即前往醫院探視媽媽，而一旁的女子則不疾不徐的拿起包包，並對我說了聲謝謝，離開了派出所。

＝＝＝＝＝＝

而我這樣沿途調閱監視器下來，根本沒有看到什麼小男生或其他人，自始至終阿嬤

---

❸ 逮林：警察台語的意思，也是日語稱呼警察「大人」的意思，通常是老一輩受過日本教育影響的人會這樣稱呼警察。

在影像中都只有自己一個人，最無法解釋的事情是，為何高齡的阿嬤可以獨自一人徒步走完這趟將近四十公里的路程？而且到了產業道路路口監視器時好像變了一個人。再細細回想，那天詭異的微笑搭配影像稍微模糊的臉部表情，的確像是個小男孩在注視著照相機微笑呢。

Missing

2-2

那天半夜的電話

——「面對未知的危險與黑暗，當人們尖叫逃跑時，
我們總是與人群反方向，衝向那令人恐懼的地方。」

我們工作有個內容叫備勤，俗稱大備，就是這個時段所有民眾報案、檢舉的事情都是當時大備的處理。舉凡民眾發生車禍、糾紛吵架、有人打架鬧事、提告製作筆錄、老婆不煮飯給老公吃而鬧來警局，甚或是家裡鬧鬼等等都是大備去。

======

記得那是我從警第二年的真實故事。

還在派出所時的一天深夜大備，深夜的club或酒店常常有喝醉鬧事打架的事情，路口號誌轉為閃燈也有零星小擦撞要到外面處理。當時我處理完兩件車禍現場及一件夫妻家暴，剛把車停到公司門口準備進去，只見值班的同事帶著無奈的表情走出來說：「剛剛有個女的打來說覺得很冷。」

「蛤？覺得很冷？」

「對啊，只講這樣就掛了。」

「有說在什麼地方嗎？」

「沒有，感覺是打錯電話。」

「還是我看一下來電顯示回撥給她問看看。」

按了按電話顯示的號碼，我按了回撥，有通，不過響了許久無人接聽……我又回撥了幾次，一樣有通但沒有人接。於是我打開系統，試圖用這組電話找看看有沒有登記的地址，這時派案系統登登登的叫了：「ＸＸ街ＸＸ號民眾報案聞到疑似有腐敗的味道，請派員前往處理。」我看了看值班同事，他露出一種非常愧疚的表情。我請他持續幫我打電話聯絡剛剛來電的號碼，自己則戴著口罩、手套與封鎖線準備去現場。

到了派案地點，果然聞到一股「特別」的味道撲鼻而來，有聞過經驗的我知道裡面可能有東西。

這裡補充一下，人體器官較其他動物複雜，所以死亡時若沒有及時處理，天氣熱的話一到兩天便會開始產生屍臭味。那味道比老鼠死掉臭N倍，即使戴了三個口罩仍聞得到。

現場大門深鎖，沒有被破壞的痕跡，只聽見裡面一直有電話聲傳來，我詢問報案的鄰居，他表示這間是個獨居女生，只知道大概三十幾歲，平時與這女的也沒什麼太多互動，這幾天都沒有見她出門，也沒有看到有人出現，是自己今天聚餐回家經過才聞到有怪味道。

我敲門詢問無人回應後，打電話給轄區的里長及消防隊，而等待里長與消防隊到場的時候，大門深鎖的裡頭仍然有電話聲響著。在這漆黑靜謐的夜裡，電話聲顯得格外刺耳。

由於時值深夜，有警察、里長及消防隊出現，自然會引起附近民眾的注意與圍觀。里長還很熱心的說：「等下我陪你進去看裡面怎麼樣！」

不一會消防隊就成功使用工具撬開大門，地板湧出大量的蟑螂，空氣中飄飛著許多的蒼蠅，而那怪味道，也更加濃郁，圍觀的鄰居及民眾見狀紛紛散場、離開。

而撬開後裡面是黑的，我進到屋子裡找尋電燈開關，不開還好，一找到開關，電燈一開，只見屋內房間門口斜倒著一名女性，身上裹著薄薄的浴巾，身體呈現綠黑色，已經開始有綠黑的屍水在地板流出，而近看身體可以發現裡面已長蛆，身上也停滿蒼蠅，剛才熱心的里長目睹此景，早已嚇得不知道跑去哪兒。

消防隊看了看便說：「學長，那交給你們處理囉。」

而此時電話聲又響了，我馬上接起屋內的電話，電話那頭是所內的同事：「喂，我這邊是ＸＸ派出所，你剛剛是不是有打電話來說很冷？」

「……」

「喂，怎麼通了不說話？你需要幫忙嗎？」

「……我在剛剛民眾報的怪味道這裡，幫我聯絡偵查隊跟鑑識的來，是個女的。」

「啊……什麼……哦……好……」電話那頭的值班同事聽到我的聲音，感到十分震驚與驚訝。

而我則回頭獨自一人看著倒在我旁邊的遺體，那時已是凌晨半夜，可能是離開前有經歷痛苦或驚嚇，她的眼睛雖已開始有腐敗跡象，正被蛆蟲腐蝕，但眼球仍看得出睜的如蛋一般的大，彷彿注視著我般，與空氣中寧靜的氣氛形成對比。

我並不會感到害怕，只是想著能夠替她做些什麼。現場有開冷氣，而她剛好倒在下風處，身上只裹著一件薄薄的浴巾，我先在現場拉起封鎖線，接著開始拍照，並找了件外套先暫時幫她蓋在浴巾上，查看現場有無其他門窗遭到破壞，仔細尋找附近有無監視器可供調閱，這時我還在桌上發現幾包藥袋。

等待鑑識人員及偵查隊採證完畢後，殯葬業者及禮儀公司的人員接著來協助現場清理，由於死者肢體已開始有點軟軟爛爛的，他們在搬運時需格外小心，稍有不慎則有可能手腳脫落、分離。

隔天法醫驗屍過後，死因為急性心肌梗塞，身上並無其他外傷，且死者平時也有用藥習慣，研判可能是洗完澡走到客廳準備休息而突發離開。經監視器調閱後也發現，她在好幾天前晚上回家後便沒有再出門，也沒有人進去過她家，至此，撇除了他殺可能。

可是那通電話到底是誰打的呢？

過了幾天，我又回到現場，想看看能不能在現場找出一些什麼，而那味道，即使過了幾天，遺體早已經清理完畢，還是可以在現場聞到一陣一陣的「怪味道」，全身上下乃至於我的五官都充斥著那個味道。

我回到公司，打開電話錄音系統，再一次聽了聽那天來電的內容：「我……好……冷……」無力又有點小聲。

當時大門深鎖，屋內的門窗也沒有被破壞的痕跡，我擔心有所遺漏，連路口的監視器也一起查看，卻始終一無所獲。就是沒有看到有人在死者進屋後，跟著進屋或從屋子裡走出來。

這件事過後的一天中午，我一個人在公司內的休息室辦理業務，繁雜、瑣碎的業務實在令人煩心，辦著辦著不知不覺就在椅子上昏昏睡去。恍惚間，耳邊傳來女生的聲音輕輕的說：「謝謝你，謝謝你那天幫我蓋上外套。」

聽到聲音後我馬上驚醒，而休息室依然只有我一人，值班台距離休息室約十到二十公尺，如果外面的學弟要惡作劇也要稍微跑一下，不太可能在我睜開眼後馬上坐在值班台的位置。

我走出休息室，走到值班台問正在低頭的學弟，「欸，你剛剛有進來休息室嗎？」

「學長我忙著打傳說，沒有去捏。」
「奇怪了，那剛剛還有人來休息室嗎？」
「沒有啊，外面巡邏的還沒有回來。」說完便繼續低頭打他的傳說，留下我看著空無一人的休息室，一臉茫然。

2-3 夜半的空屋哭聲

——「陰暗深層的呼喊，是人們冷漠使然。」

一般派出所的制服警察工作內容繁雜，日夜顛倒，日常就是巡邏簽簽表、去銀行提款機守望。長官認為有警察穿著制服站在提款機外，就可以有效降低詐欺車手盜領的問題，可是警察不可能二十四小時都站在那裡，也不可能每個提款機都有足夠警力部署。

再說，詐騙集團可以等沒有警察站崗的時候戴著口罩跟安全帽扮成一般民眾去提領，接著轄區內就又會多一件很難偵破的案件。所長到分局開會又會被叫起來檢討，檢討之後又會開始增加站在提款機外的守望密度，如上述講到的理由與原因，這些案件仍然會持續發生，無限輪迴，成為很難解決或根本解決不了的問題。

制服警察還要常常站在路邊賭命攔車檢查、備勤受理民眾各種報案以及配合其他行政機關執行取締性勤務，而在各種高壓的工作環境裡可以讓人短暫喘息的勤務就是值班跟勤區查察了。

「值班」指的是在所內擔任值班人員，接接電話，傳達各級長官交付的事情與命令，有民眾來報案就先詢問基本的案情，然後交給備勤人員去接續處理。

「勤區查察」顧名思義就是以前所謂的「查戶口」，用勤務時間去轄區內找一些地方人士聊聊天，向里長或鄰長了解一下轄區目前的狀況，看最近有沒有什麼特別或可疑的人事物出現，也可以藉由跟鄰里長聊天時順便泡個茶，休息一下。

這兩個勤務都是可以稍微獲得短暫休息時間的，差別在於一個是待在所內，一個是出來外面串串門子。

當然也有些學長姐在熟悉轄區狀況與特性後，會利用查戶口的時候找一個專屬的地方休息，不然高壓又熬夜輪班有時真的會撐不下去。

當然啦！事關機密，在此即帶過就好（笑）。

＝＝＝＝＝＝

記憶猶新，那天是我大輪番❹的第五天，上完18－20的查戶口，就接著放假了，抱著愉悅的心情。正想著等下要去找哪個里長拜訪泡茶，忽然想到，下個月轄區內國中要辦園遊會，剛好管區內有個里長是該國中的家長會委員，那就去這個里長家拜訪，順便問看看有沒有什麼需要幫忙或注意的地方。

里長家是住在一棟公寓的五樓，公寓內沒有電梯，只能走樓梯。傍晚時分，里長與他的家人剛好在家裡吃晚餐，我表明來意後里長邀請我進屋聊天，並分享有關園遊會舉辦的一些相關細節，在談完園遊會的事宜後，里長突然面色凝重的用台語對我說：「管區欸，你相信這個世界上有鬼嗎？」

「還好，怎麼了，怎麼會這樣問？」我說。

「我跟你說哦，我們三樓原本的住戶不知道跑去哪，已經很久沒看到他了，但是最近有人聽到三樓的房間內，只要到了凌晨就會傳出淒涼的哭聲欸，好恐怖！」里長很認真的說著。

「真的假的，有這種事情？」我感到疑惑。

「真的啦，我自己也有聽過，那個哭聲好淒涼，斷斷續續的，我記得三樓已經空一段時間了，只知道屋主是外地人，常年在外，也沒聽說他有租給別人住啊。」里長認真的講著。

---

❹ 大輪番：指的是警察的輪班方式，通常1番是10—18、04—08；2番是08—12、20—04；3番是14—02；4番是12—24；5番是08—20接放假，各地玩法不太一樣，僅供參考。

「那這樣我等下走下去經過時再看一下。」我留了心，為求謹慎想說就去做一下確認。

「夭壽哦，這麼晚了你不會怕嗎？」里長很驚恐的說。

「不會啦，還是你要跟我一起去？」我笑著說。

「我才不要，那邊都沒有住人，超陰的。」里長邊說邊揮著手。

結束了與里長有約，我步行走下樓梯到了三樓，果然人都會繪聲繪影，自己嚇自己，剛才上樓時經過三樓並沒有覺得有什麼異樣，聽完里長的一番話後再走回來就開始覺得哪裡怪怪的。

那時約傍晚七點多，公寓的隔音並不太好，時常可以從樓梯間聽到這座城市的各種聲音。我站在三樓的這層空間觀察，這層有兩戶，一戶門外面有擺放鞋子與雨傘，明顯有人居住。另外一戶則荒涼得像廢墟，加上燈光又漆黑，整體看起來顯得格外恐怖，更添幾分陰森的感覺。

我站在陰暗的樓梯觀察著，突然那戶明顯有住人的門打開了，是一名中年婦女，起初她並沒有注意到我，是她打開樓梯的燈才看到我站在樓梯間，她驚嚇到馬上要關門進屋，我立刻上前說：「我是管區警察，請問為什麼妳會有這麼驚恐的反應？」

她定睛看了看我，這才收起原本驚恐的表情，「我以為你是好兄弟，嚇死我了，以為自己撞鬼！」

接著她問我沒事站在樓梯在幹嘛。

「我聽里長說你們對面沒有住人，卻會在半夜聽到有人在哭泣的聲音，所以特地想來了解一下。」我說。

接著這名大媽開始滔滔不絕的高談闊論，「我跟你說，一定是因為太久沒有人進來住的關係，導致裡面陰氣很重，有不乾淨的東西在裡面，我們鄰居都叫它鬼屋。」她又說：「我還曾在半夜看到有鬼影出現在對面門口呢！」

看她說得信誓旦旦、煞有其事般，我對她說了聲謝謝便打算到對面一探究竟。她還好心的勸我：「哎唷不要過去啦，很危險，裡面很陰欸！」

我對她微笑，便逕自走到這戶「鬼屋」門口，按了門鈴，沒有反應，門鈴已經壞了。我敲了敲門，也沒有人應門，大門深鎖，門裡安靜的十分詭異，站在門外幾分鐘，看了看手錶時間，已經十九點三十五分，到了可以打道回所的時間，便想說先回去整理整理準備放假，下次上班時再來查看。

我當時任職的單位是輪四或五天放兩或三天，我個人喜歡利用放假時間多陪陪家人，或者去找朋友串串門子凝聚一下感情，畢竟我們平時工作都綁在單位，比較沒有時間可以陪伴家人朋友，所以作為警察的家人及朋友真的很偉大。

放假的時間過得總是特別快，我們放假回來上班的第一天通常都是早晚班，比如說早上十點上班，上到晚上六點，再接著上凌晨四點到八點的班。為了一探那棟公寓三樓的虛實，我利用晚上六點下班後吃了晚餐，換了便服來到了公寓，爬著樓梯來到三樓，跟上次一樣，鬼屋門前依舊漆黑，我上前敲了門：「您好，有人在嗎？」

沒有人回答。

我坐在樓梯間，靜靜觀察是否真的有哭泣聲從房子裡傳出。然而鬼屋內依舊鴉雀無聲，只能偶爾從公寓的牆壁與角落聽到這座城市傳來的吵雜聲響。接著我打開手機開始背法條，因為我想報考明年的警察三等考試，想說趁這個空檔多讀點書，時間約莫來到晚上十一點左右，我開始有了睡意。

想想也許真的是鄉野奇聞、都市傳說吧！

正當我起身準備離開時，隱約聽到鬼屋的大門內傳來微弱的聲響。

「嗚……嗚……嗚……」是類似女生哭泣的低鳴。

我馬上敲了鬼屋的門，而那聲響卻在我敲門後立即消失，我繼續大力拍打著鬼屋的門，「我是管區，有沒有什麼我可以幫忙妳的地方？」

那鬼屋的門是一般的鐵製大門，而大門裡頭還有一道木門，我一邊拍著大門，一邊納悶的想，奇怪我剛剛在門外待這麼久，明明就沒有看到有人開門進屋啊，這聲音到底是哪裡來的？我繼續拍打著大門，而那聲音在我敲門後便沒有再傳來。

很快的，我的敲打聲引來樓上里長的關切，他從五樓走下來，看到我便說：「哎唷管區，你該不會是被卡到了吧？怎麼大半夜的在這邊敲門？」

「我聽到了！我聽到裡面有人在哭的聲音！」我說。

「你看你看！我就說吧！跟你說這裡鬧鬼你還不信。」里長說。

我沒有回他話，只是繼續敲門。

「好了啦別敲了，裡面就沒有人，你一直敲只是製造噪音而已，這麼晚了大家都還要睡覺呢。」里長抱怨地說。

聽到這裡，原想作罷，豈料那鐵門內的木門居然緩慢的打開，發出「ㄍ一ㄍ一」木材老舊摩擦的聲音，里長看到裡面的門打開，嚇得趕緊往上逃，接著我看到一個披頭散髮的女人，站在鐵門後，與我只有一門之隔，那畫面現在想起來依然印象深刻，她沒有出聲，只是站在門後不發一語。

「我是管區，妳住這裡嗎？這裡不是沒有住人嗎？妳為什麼哭呢？」我問。

她依然沉默，沒有回答我，只是慢慢的把我跟她之間的那道鐵門打開，然後轉身往屋內深處走去。我走進屋內，撲鼻而來的是一股水溝夾雜臭酸味，顯然這裡已經很久沒有打掃了，而剛剛那名女子只是安靜的坐在客廳角落，仔細一看，她年約二、三十歲，穿著一件稍微發黃的白色短T恤，頭髮亂得像一團雜草，我隨手拿了個矮椅子坐下問道：「妳是這裡的住戶嗎？」

「嗚嗚……餓……餓……」她低聲啜泣著。

「妳肚子餓嗎？」我問。

她點點頭。

我馬上起身走下樓梯，到附近的超商買了麵包與奶茶，再走回鬼屋，遞上麵包與奶茶，她不知道餓了多少天，拿起麵包便開始狼吞虎嚥，我再次問起：「妳一個人住在這裡嗎？」

她點了點頭繼續啃著麵包。

「那這房子是妳的嗎？妳叫什麼名字？」我問。

她聽到這句話開始變得焦躁不安，也沒有回答我，過了許久她才緩緩地說：「能不能……不要趕走我？我已經沒有地方可以去了。」

「這屋子的主人知道妳在這裡住嗎？」我問。

「不知道，但我原本跟他一起住在這裡。」女子回答。

接著她啃著麵包，一邊訴說自己與屋主的一段故事。

＝＝＝＝＝＝

她是單親家庭，由媽媽撫養長大，高中畢業後就沒有繼續升學，選擇應徵進入百貨公司，在某藥妝專櫃擔任銷售員，透過朋友介紹認識了屋主。

屋主是電子科技公司的工程師，兩人認識進而交往，而屋主在幾年前買下了公寓三樓的這間房間，她也跟著屋主搬來「鬼屋」同住，屋主因為信任她，於是打了一把鑰匙給她，讓她可以自由進出。

但她卻在這段時間迷上了玩股票與賭博，下了班不回家，還欺騙屋主自己是加班或者與姐妹們出門逛街，實則跟著姐妹們去綽號「林仔」的朋友家打牌，常常一打就是通宵，搞得自己隔天上班也沒精神，過沒多久就把工作辭掉，但依然不改好賭的習性，每天就是去找那群不務正業的姐妹們打牌，利用之前工作所存的一些積蓄拿去投資股票，無奈十賭九輸，過不久便把積蓄賭光，她將股票變賣換成現金繼續賭，妄想可以將錢贏回來，但天不從人願，過沒多久也將身邊僅存的一些積蓄都犧牲在牌桌上。

由於把錢都輸光，那些姐妹們見她拿不出錢，紛紛離她遠去，她只好回頭找男朋友，想跟男朋友借錢，尋求幫助，但男朋友只是提出分手，並不想再與她有聯絡，還要她搬離「鬼屋」，兩個人便斷絕來往。

她只有高中畢業，又不肯屈就於一般服務業，只因覺得那些工作太辛苦、壓力太大，由於和母親有過爭執，也不想回家找母親，走投無路的她只好拿著行李走在馬路上，身無分文加上後悔莫及，不知道該如何是好。

不知不覺到了晚上，實在是無處可去了，於是公園的廁所變成她的臥室；座椅化身成她的單人床，而她也漸漸習慣了這樣餐風露宿的生活，白天到處遊蕩，晚上就到廟裡或者路邊乞討，拿著要來的一些零錢去買點東西吃，真的要不到錢則到餐館附近找廚餘桶搜尋食物，過著自我放逐、終日以淚洗面的日子。

她描述這樣的生活過了幾個禮拜，也不記得是哪一天了，她漫無目的的走在路上，走著走著又來到了「鬼屋」的樓下，她想說找前男友談談，她願意痛改前非，看有沒有重新再復合的可能，可是當她走到三樓，才發現門前貼著出租的紙，她用公共電話打了紙上的電話，是一名女性接的，聽起來應該是前男友新認識的對象。

簡單詢問一下得知，前男友因為工作調地的關係，暫時不居住在這裡，所以打算把鬼屋短期出租，她掛了電話，回到鬼屋，觀察四周無人後，將牆上出租的紙撕下，想起之前分手時並沒有將鑰匙還給前男友，於是嘗試用鑰匙打開鬼屋的門進入，進門之後看到傢俱擺設都沒變，不禁想起以前那些與前男友在這裡的甜蜜回憶，卻因自己一時迷失，通通都沒有了。

想到這不由得開始哭泣，她想重新過日子，然而跌倒並不可怕，可怕的是跌倒後不想爬起來。

她就是踏不出重新振作的步伐，只是像以前一樣，早上在外覓食尋找食物，到了晚上就回到鬼屋躺著，日復一日過著行屍走肉的生活，偶爾在深夜想起過往回憶，便開始獨自一人啜泣，誤打誤撞成為了附近居民退避三舍的「空屋哭聲」。

聽到這裡，我問她：「難道妳不怕前男友突然回來看到妳住在這裡嗎？」

「我都是晚上才會回來，白天基本上都在外面找東西或者在人多的地方要錢，他如果有來這裡，晚上我回來時就會發現，那我就不會進來了，而且我住的這一陣子，他都沒有回來過。」她說著。

「尊嚴是自己給的，妳自己如果都不要了，誰還能給妳尊嚴？」我反問。

「可是我只有高中學歷，做一般的工作對我而言太苦太累了，又賺不了什麼錢。」女子說。

「但那至少是妳自己努力得來的，而且妳可以再找時間去進修學歷啊，腳踏實地至少不用看人家臉色。」我說。

她看著我，不發一語，只是面露無奈。接著我告訴她，半夜還有班，我要先走了，有空再來看看她，臨走前詢問她現在都在哪些地方出沒。

原來夜半的恐怖哭聲，背後藏著一段惆悵、失志的故事。

＝＝＝＝＝＝

過了幾天，我下了班換上便服，去到她告訴我都會來這邊「上工」的市場，找到了她，告訴她要找她去吃晚餐，「我請客。」我說。

我找了間麵店，帶她進去，她不知道多久沒有洗澡，全身都是一股臭味，引起旁邊用餐的人注意，自然也吸引到老闆的目光。

「我看這樣不太好，我們還是離開好了，我怕我在這裡會影響到店的生意。」她自卑的說著。

「沒關係，有我在，看要吃什麼，點餐吧。」我說。

她很客氣的只點了一碗小陽春麵，結帳時我告訴老闆，陽春麵要加滷蛋，再幫我切一盤滷菜，說著我便夾了豆乾、海帶及大腸，老闆手中正忙著煮菜，對我點了點頭。過了一會，老闆端了一大碗陽春湯麵與滿滿一盤的滷菜，盤子裡我記得除了原先的豆乾、海帶及大腸，還多了豬肉片、黑輪、香菇、豆皮、甜不辣、高麗菜與四季豆，老闆只是對著我們微微笑，並說：「生活不容易，多吃一點，吃飽才有力氣。」接著就回到餐台繼續忙碌著。

我記得很清楚，她一邊吃著麵，眼淚一邊滴在碗裡，融入湯中，她說這是她這些日子以來吃過最溫暖的一頓晚餐了。

我告訴她：「只要肯工作，不管做什麼都會有一定的收入，不偷不搶，靠自己雙手努力賺來的錢格外踏實。」

那晚，她告訴我會找一份工作，重新站起來。

＝＝＝＝＝

過不久，我便在轄區內某間超商看見她穿著制服當起店員，她也告訴我，自己報名了地區大學的夜間進修部，利用下班空閒時間回到學校上課補學歷。她不再到處流浪、伸手向人要錢，而是靠自己能力在鬼屋附近租了間小套房，記得她當時告訴我：「腳踏實地的感覺真好。」

當警察除了懲奸除惡抓壞人，最開心的就是可以帶一些溫暖給社會上有需要的人。

也許只有一點點，卻足以改變一個人的一生。

2-4

神奇的微笑老人

——「要先懂得孝順珍惜，才能體會來之不易。」

這是我還在派出所碰到的故事，依舊是一個風和日麗、天氣晴朗的大中午，當時我和暑假來派出所實習的警專學弟，坐在巡邏車內執行巡邏勤務，一邊巡視轄區一邊聊著等一下午餐要吃什麼。

來實習的警專生因為還不具備警察身分，所以沒辦法單獨執勤，也沒辦法受理民眾案件，都是跟著派出所的學長姐共同執勤，學習未來下單位會用得到一些基本常識，順便看看以後上班的環境與作息，早點了解這行熬夜輪班與家人聚少離多的宿命。誰知學弟突然說了一句警界非常忌諱的話：「學長，今天很無聊欸，我們實習都要寫實習心得跟紀錄，之前每天都有案子可以寫上去，今天沒事情要寫什麼？」

「閉嘴，千萬別說這種話。」我無奈的說，一股不祥的預感隨之襲來，正想告訴他沒事情可以寫巡邏做了些什麼事情，無線電此時卻像早晨看到太陽的公雞般準時響起，「有民眾報稱在XX路XX號XX巷內有住竊，請線上備勤巡邏網先至現場處理！」

學弟驚訝的看著我，兩顆眼睛瞪得像水蜜桃大顆，「哪有這麼剛好的？講完馬上就來了……」學弟一臉不敢置信。

「以後正式接大備，記得能夠平順上下班就是一種福氣，案子沒來要謹慎以待，案子來了要勇敢面對，還有，上班不要亂講話。」趁機利用這個機會分享上班的心得。

＝＝＝＝＝＝

「住竊」就是俗稱的住宅竊盜，這種案子關係到派出所轄區犯罪預防的問題，有人家裡被偷，代表可能有宵小入侵轄區，也正顯示著治安有可能亮起紅燈。

由於刑案（尤其竊盜）有些會列為管制案件，這類案子自然也比較敏感，不像一般案件可以馬上受理，如果開案受理卻遲遲都沒有進展，案子破不了，抓不到嫌犯，主管到分局開會的時候就會被叫起來質詢案情，然後主管回來就會追問你偵查進度。

例如：「監視器調了沒？現場有沒有目擊者？」

「有沒有做成附近居民查訪紀錄表？」

「來採證的人是誰？他有沒有說什麼？」

「你怎麼還坐在裡面？不會出去查案嗎？」

……

即使是放假也會讓你不得安寧，電話照三餐打給你，甚至是停休回來繼續查案。演變到後來接到住竊，要保持一定敏感度，既不行隨意受理，又不能不幫民眾處理，夾在好看的數據與被民眾檢舉的風險中，有的人乾脆打定怎樣都不受理，花一堆時間跟報案人斡旋講道理。

例如：「這段時間很多人都被偷，不是只有你。」

「不要說是你，我自己家被偷我也找不到小偷。」

「拜託不要啦，你硬要報我很難處理啦。」

……

真的講不贏就叫所長出來繼續講，什麼會幫報案人加強巡邏，或者直接問報案人損失多少，所長跟處理的警員一起平攤報案人損失的金額。簡單的民眾報案，被畸形的制度搞得十分複雜，民眾對警察的觀感也不佳，認為警察只會偷懶吃案，而警察做起事情也只會更無奈、更沒尊嚴。

我碰到這類比較敏感的案件，通常都會先到場初步了解案情，跟主管報告後請偵查隊或者鑑識小組來處理。民眾真的要求要報案三聯單（現已改為報案證明單），我會跟主管報備後開立給民眾，然後盡力去追查跟後續的偵辦，持續的跟主管還有民眾回報查案的進度，關心民眾受到損害的心情。

一般民眾看到你警察如此積極的替他處理事情，把他的事情當成是自己的事情一樣，即使真相仍石沉大海、錢被偷一去不復返，也不會想再去檢舉你了。當然還是會有檢舉你的「特殊民眾」，但沒關係，人生不太可能事事盡如意嘛。

＝＝＝＝＝＝

到了無線電喊的現場，是一棟三層樓透天厝，看起來就像個小型的資源回收廠，一樓家門口擺放了許多廢棄的回收物品，我告訴學弟打開祕錄器，要全程記錄我們跟民眾的對話，順便觀察現場的地形與環境，有沒有遭到破壞與侵入的跡象。

報案的人是一名四十歲左右的中年男子，他表示被偷的東西是一個破舊的小布袋，裡面放有他爸爸生前的現金存款與權狀地契，平時都鎖在二樓家中的保險櫃裡頭，三樓是放祖先牌位與神明像的神明廳。

報案人是自己一個人居住，沒有其他的親人，保險櫃密碼只有他和爸爸知道，但今天早上打開保險櫃時卻發現裡面的東西不見了，而保險櫃依舊是關閉的狀態。從外觀上看來保險櫃並無被破壞強行打開的跡象，且我請報案人輸入密碼時發現，這個保險櫃居然有兩組密碼，若不知道密碼要強行打開照常理來說是不可能的。

我仔細觀察了二樓的門窗，與來往一樓跟三樓的樓梯，都沒有發現遭到侵入或破壞的跡象。二樓一共有兩間房間，報案人表示一間是他的房間，我當時看到另外一間的房門沒有關，便想說進去查看，房間裡空蕩蕩，只剩下一張床與衣櫃。

正當我準備關起門往外走時，突然感覺背後有人在盯著我看，那是一種熱熱溫暖的感覺，我馬上回頭查看，有個留著長鬍子的白髮爺爺，模樣並不明顯，面容慈祥的看著我，並對著我微笑，轉眼則消失，前後大概只有不到兩秒的時間。

我跟著走出房門後，我又向報案人確認家中是否還有其他人共同居住，報案人搖了搖頭，表示確實只有他自己一個人住。

我告訴報案人會去附近住家調閱監視器，也會查看路口監視器這幾天有沒有可疑人士，並且在通報所長後請鑑識人員來現場採證，看看現場有無一些微物跡證或蛛絲馬跡。

初步了解與處理完後，我請學弟與報案人先留在現場，我則走下一樓，想說詢問鄰居最近有無發現什麼可疑的人事物，此時發現一樓的回收廠應該是許久未使用，各種灰塵及鏽蝕的鋼鐵，堵住了進出門口大半的空間。

我見到鄰居便主動上前詢問，我告知他事由後，鄰居平靜地說，報案人是獨子，媽媽早年就生病離開了，父親在世的時候是靠撿回收來賣，以及將部分可以再利用的物品重製再使用，一點一滴含辛茹苦地將報案人養育成人，用微薄的收入供報案人到外地讀大學。

報案人畢業後在貿易公司上班，而父親的回收事業也因努力工作，讓家庭經濟日益穩定，附近居民只要有廢棄的東西都會拿來這裡。豈料報案人出社會後，穿起西裝襯衫、打起領帶，竟然開始嫌棄起父親，說父親身上總是夾雜著許多異味，覺得家裡總是堆滿了回收廢棄物，讓他很沒面子。

於是漸漸的，再也沒有回來看過父親。直到父親離世前，才回來看父親最後一面，並在父親那兒拿到了保險櫃的密碼。鄰居接著說，自己見老父親一個人居住很孤單、辛苦，所以自己偶爾會煮菜端去給老父親吃、陪老父親聊聊天，老父親一直以自己有個大學畢業的兒子為傲，從不抱怨兒子沒有回家，他知道是自己的環境不好才會讓兒子嫌棄。

聽到這裡，我心情逐漸沉重，原來報案人是個這麼不懂得感恩的人。我謝過鄰居，走回隔壁，正好這時鑑識人員已經到場採證，初步採證發現，現場都沒有採集到一些比較可疑的物件，門窗也確實沒有被破壞及侵入的痕跡，門窗上滿滿的、整齊的灰塵足以證明這一切。

我轉頭問報案人：「你拿到保險櫃的時候有打開看過嗎？」

「咦，沒有欸，當時不需要錢啊，所以也沒有打開看裡面的東西，我爸當時是把整個保險櫃還有密碼一起給我的。」報案人說。

「所以你拿到保險櫃的時候是關閉的狀態嗎？」我問。

「是的，最近需要資金周轉才想說要打開來看看，誰知道打開裡面是空的。」報案人說。

「那你有沒有去房間的其他地方找過？」我問。

「有啊，二樓跟一樓的各個角落我都找過了，就都沒有看到。」報案人說。

「那三樓的神明廳呢？」我再問。

「沒有，那邊根本就不會有人去啊！」報案人說。

看他回應得理直氣壯，我心裡頭沒來由一股氣，「去三樓看看啦！看都沒看報什麼警！」我突然大聲回應報案人，報案人被我突如其來的舉動嚇住，一旁的學弟也滿頭問號的看著我。

我帶著報案人與學弟一起走樓梯前往三樓，沿著二樓到三樓的樓梯走，可以明顯感覺到這塊區域很久沒有人活動了，充滿灰塵的樓梯把手，腳下鞋子與地板的沙子發出「ㄘㄘ」的聲音。

而到了三樓，便看到神明廳前的桌上，擺著一個綠紅色的小布袋，上面已滿是灰塵，旁邊還有一封信，報案人見到馬上上前打開布袋，裡面有現金六十萬，以及這棟三層樓房子的所有權狀與兩張地契，而信上寫的字密密麻麻，大概就是表達父親對兒子的思念與虧欠。

我問起他父親的長相，他對我形容，和藹可親，留著長長的鬍子，從有印象以來就是滿頭的白髮，對人總是十分和善，街坊鄰居有空都會來陪他聊天。

他生前睡在二樓，報案人睡的另外一間房，報案人描述的長相與我剛剛瞬間看到的老人一摸一樣，我回想著剛剛那瞬間的畫面，也許是老父親想對我說些什麼提示我吧。

報案人看完信後站在原地愧疚不已，流著眼淚，久久不能說話。他可能到這時才明白父親對他是無怨無悔，一直到要離開了還是選擇用愛來包容無知的兒子，這件民報住竊也在半烏龍的狀態下結案。

回到派出所內準備吃早已涼掉的午餐，所長氣急敗壞的出來問我：「那件住竊處理的怎麼樣？當事人怎麼說？」

「他嘛……沒有要報了。」我氣定神閒地說。

「什麼？為什麼不報了？」所長愣愣地問。

「報告所長，因為找到錢了，破案了！」學弟在一旁神氣的表示。

「到底為什麼可以在短短的時間內找到錢？」所長不敢置信地問。

「因為遠在天邊，近在眼前。」我說。我把完整的情況一邊吃飯一邊告訴所長，所長聽完告訴警專的學弟，趁現在還沒出來上班，有時間多回家陪陪家人。畢竟可以陪伴的時間不會越來越多，只會越來越少。

2-5

那晚，恐怖的人魔

——「家，對大部分的人來說是避風港，
對有些人來說，卻是最可怕的地方。」

我喜歡回家。

不論是放假或覺得疲累的時候，因為回家可以讓我感到療癒，在心靈貧乏的時候可以回家充電，每當工作上碰到各種鳥事與不公不義的事情，回家告訴家人我的委屈與不滿，就可以在上班前整理心情，重新面對複雜的職場，還可以利用放假的時候回家睡飽。

回家，在我看來是一件很簡單也很幸福的事。

那天晚上，我在派出所辦公室內備勤，由於剛剛接下屎缺「裝備業務」，又碰到警察局的裝備檢查，所以我就利用備勤時在所內整理相關紙本資料，順便幫放假或者不想清潔的同事擦拭個人裝備。

警察的裝備制度很奇怪，個人的槍械、無線電與巡邏機車屬於個人保管裝備，裝備承辦人要負責的是單位的巡邏汽車、通信器材、防彈背心、武器彈藥還有各種雜項簿冊。但如果長官檢查出有個人裝備擦拭不潔，或者個人機車的里程數沒照規定按時填寫，除了那個偷懶的人會被處分，裝備承辦人也會被連帶影響，輕則嘴巴上碎碎唸要你限期改善，重則跟著一起被處分。這使得長官們來裝備檢查之前，承辦人除了要把單位的相關裝備擦拭清潔，也會請所長要求各同仁記得擦拭乾淨備檢，但一定會有人不理不睬，裝作沒他的事一樣，反正有承辦人會幫他擔屎，所以裝備承辦人要嘛很資深（不怕處分），要嘛就是剛畢業的（怕處分，會主動幫忙清潔）。

派出所因為是警察單位裡層級最低的，每年新配發的警車都是先發給各組內勤或者分局的長官們使用，所以留給派出所的都是老舊不堪的汽車居多。這形成一種有趣的怪象，來派出所查勤的長官開新式轎車，而真正處理事情，站在第一線面對民眾的警員開著年齡比自己大的老車。

查勤長官還會問你：「為什麼你們的車看起來這麼舊？」

總之，裝備檢查就是承辦人的惡夢。

＝＝＝＝＝＝

我記得當時整理業務到一半，有個女生神色慌張的走進派出所，她看起來約十七、八歲，應該是還在讀書，看到值班的同事後便低下頭，沉默不語，我站起來走向她，想詢問她有什麼事，她看見我走向她，本能的閃躲至角落，於是我只好離她有一些距離，先關心她，試圖緩和她的情緒，「請問妳來這裡有什麼事情嗎？」我問。

「你們……你們這裡的警察是可以相信的嗎？」她驚恐的說著。

「可以啊！妳發生了什麼事情可以跟我說。」我說。

「你們警察是不是……是不是都會吃案？」她繼續懷疑著。

「沒關係，妳碰到了什麼事情可以先跟我講講看。」我試圖建立她的信任。

「我……我不想回家，我爸他都會欺負我……」她低著頭訴說著。

「那爸爸他都怎麼欺負妳呢？打妳嗎？」我問。

「他……他不會打我，他會……他會……好幾次了。」她的情緒越來越激動。接著便開始大哭了起來，我先拿面紙讓她擦眼淚，想說等她心情平復一些再繼續了解，她頭低低的，一邊哭一邊看著地板說：「為什麼是我……我……我好想去死。」

「解決事情的方法有很多，死是最沒幫助的！」聽到她意圖輕生，令我有些生氣。我接著說：「妳平復一下情緒，慢慢地說，究竟發生了什麼事？」

她聽著我的話，漸漸地冷靜下來，於是開始緩緩道出一段悲慘的回憶。

她叫阿雯，目前就讀高中二年級，父母從小就離婚了，原因是爸爸長期酗酒，每天醉生夢死，工作不穩定，沒有固定收入，只能靠著媽媽打零工的微薄收入來支撐家庭，但爸爸每次喝酒完就會對著媽媽生氣，不是拳打腳踢就是照三餐跟媽媽討錢買酒喝，有一次甚至把媽媽留給阿雯繳學費的錢偷拿去買酒喝，讓媽媽只好回娘家借錢來給阿雯繳學費。

也許就是這樣長期的折磨與壓力讓媽媽受不了，在她小學的時候，媽媽有天就突然不告而別，爸爸回去娘家也找不到媽媽，從此杳無音信。

慶幸的是，自從媽媽離家後，爸爸突然就戒酒並出去找工作了，在工地上班當工人，賺取收入來讓阿雯讀書。而阿雯也很認真，知道自己沒辦法像別人一樣上補習班，於是都會利用下課時間去問老師問題，把不會的題目搞懂，這樣認真的求知，讓阿雯每每都能考到不錯的成績。

「但這一切，我以為漸漸美好的這一切，都在我上高中之後開始變了樣。」說到傷心處，她的眼淚又流了下來。

由於她用功讀書，成績名列前茅，在國中升高中的基測中考出不錯的分數，但她知道家中經濟狀況，為了不給爸爸增添壓力，於是選擇留在離家近的公立高中就讀，讀公立學校一方面可以幫爸爸省學費；一方面也可以節省通勤費用，可惜的是她的貼心並沒有得到同等的回報。

好景不常，爸爸在工地上班時認識了一些狐群狗黨，這些人常會在下班後跟著爸爸回家喝酒賭博，使得家中的環境總是髒亂不堪、杯盤狼藉，阿雯下課後回到家，爸爸早已爛醉如泥，阿雯只好默默的打掃乾淨。

某天夜裡，阿雯在房間熟睡，突然感到旁邊多了一個人躺著，那人還伸手觸摸阿雯的胸部及下體，嚇得她趕緊跳起來，一看才發現居然是自己的爸爸。

「我供妳讀書這麼久，是不是該報答我了？」爸爸邊說邊笑著。

其手。

「爸爸！怎麼會是你？你喝醉了吧！」她驚慌失措。

「我沒有醉啦，妳也高中了欸，該發育的都有發育到哦。」他邊說邊對著阿雯上下

「爸爸不要這樣，你再這樣我要報警了！」阿雯抗拒警示。

「報警？妳沒有我可以長到這麼大嗎？妳要報什麼警？不知感恩的賤種！跟妳媽一樣賤！」爸爸惱羞成怒的罵。

「爸爸不要……我是妳的女兒啊……」她哭喊著。

「沒關係，妳不說我不說，有誰知道？妳不讓我爽我要怎麼工作養妳！」

聽她描述到這邊，我的拳頭早就握緊，「怎麼會有這麼垃圾的人！對自己的女兒欸！妳怎麼到現在才來報警？」我怒火中燒。

「他威脅我，如果我來找警察，他會殺掉我，但最近我不給他，他開始會毆打我，我受不了只好來報警。」她啜泣著。

「他現在在哪裡？帶我去找他！」我生氣到都忘了自己剛剛還在忙裝檢的業務。

值班的同事比較冷靜，他叫我先幫阿雯通報家暴，聯絡社工了解相關事宜，並將這件事向所長報告，分局的家防官也表示會馬上來派出所處理，接著請巡邏的同事去把阿雯爸爸帶來。

等待家防官來派出所詢問筆錄的期間，所長請學妹和我帶阿雯到派出所的備勤室休息，先行安撫阿雯激動的情緒，避免阿雯跟爸爸有所接觸，造成不必要的傷害。

處理完相關事宜後，我告訴阿雯：「我會盡力幫助妳，妳就不要再回去跟那個垃圾住了，妳還年輕，千萬不要想不開。」

阿雯只是低頭哭泣，久久不能自已。

沒過多久，兩名同事帶著那個垃圾走進來，一看就非善類，長得獐頭鼠目，渾身的酒氣，「她終究還是來報警了，可是警察也幫不了她。」他言語輕佻，還故意講得很大聲。

我在備勤室聽到馬上衝出去準備修理他，誰知他講了一句話，讓在場的四個警察群起憤慨，「警察先生，你我都是男性，都是有需求的，這是很正常的事情，而且這是我自己生的，我為什麼不能幹！」他講完這句話，還趾高氣揚的看著我們，彷彿在向我們炫耀著他的豐功偉業，好像很厲害似的。

現場同仁都被氣得牙癢癢，我更是憤怒至極，這時一名比較冷靜的同仁冷冷地對著他說：「在獄中，性侵犯都是食物鏈最底層，最容易被其他獄友歧視跟霸凌，據說這類犯人進監後，肛門就從沒有癒合過。」

聽到這話，原本氣焰囂張的爸爸突然俗辣地安靜，而此時我轉頭看向阿雯，她居然在笑，她笑的聲音令人感到揪心，與其說在笑，不如說是邊哭邊笑，臉上流著眼淚，咬牙切齒的發出笑聲，笑聲中還帶有一絲絲的無奈。

一般人看見自己親人被語出恐嚇應該會感到心疼不捨才是，可見她平時有多厭惡、懼怕這個人，噢不，應該說是人魔，連自己女兒都下手的人魔。

我們與分局家防官火速將筆錄卷宗做完，因為人魔並不是現行犯，這件案子是函送，也就是嫌疑人不隨案移送，問完筆錄就讓他走了。

我詢問阿雯有沒有其他地方可以去，她回答我沒有，頂多只能去朋友家借住幾天，也不知道該何去何從。我告訴她先暫時不要回家，免得又再次被人魔侵害，她告訴我會先到朋友家住幾天，再看接下來要怎麼辦。

我知道她經歷這些，心裡的創傷是很難修復的，即使交給時間慢慢治療，疤痕還是會存在，我請家防官跟社工一定要給予她協助及心理輔導，我們一起陪伴她走出這段難過的時期。

我是由衷的感到不捨，承辦此案的家防官也是邊處理邊嘆氣，一個正值青春年華的少女，本應該無憂無慮的唸書上學，創造屬於自己的美好回憶，卻因為家庭因素只能被迫提早成長，著實讓人感到鼻酸。

過了幾天，我打了電話給阿雯關心她，她說她決定不讀高中，先出來找一份工作，才有收入可以在外面租房子，不然一直借住在朋友家也不是長久之計。我則鼓勵她，有自己的想法很好，人生還很長，還有很多機會，最笨的就是尋死想不開，還有很多美好的事物等著她，等到工作找到了，要記得繼續讀完高中，持續進修，完成該取得的學歷。

＝＝＝＝＝＝

後來我調離開那個派出所，擺脫恐怖的裝檢大魔王，到了新的派出所任職，前後大概間隔兩年半，某天我在值班時接到了一通電話，電話那頭是一個女生的聲音：「請問不拎ＧＵＮ警員在嗎？我有事情找他。」

「我就是，您哪裡找？」我說。

「還記得我嗎？」陌生的女聲，聽起來很青春。

「您是哪位？」我接著問。

「被你的一番話拯救過的人。」電話那頭傳來女孩嘻笑聲。

「原來是阿雯！妳最近還好嗎？妳怎麼知道這裡的電話？」我想起說。

「我打電話去你原本的單位問，才知道原來你調走了，下班有沒有空？我們吃個飯。」她的語氣輕鬆、自然。

我和她約在一家火鍋店，再次見到她，已跟過去不同，她的眼神透漏出一股成熟的氣息，儘管她當時才二十歲左右，卻像已經歷過不少滄桑與風霜似的，猶如個小大人般，言行舉止都跟她這個年紀的大學生不太一樣，我便隨口問起她的近況。

她說她現在是在某間大賣場當收銀員，有固定的收入，在外面租房子自己住，也利用下班的時間去報名大學的進修部，在進修部認識了穩定交往的男朋友，生活過的是多采多姿又美滿充實。

一面聽她開心的分享，我的眼眶也逐漸泛紅，眼淚控制不住的流下，那是一種來自內心的真誠感動，看著一個原本脆弱尋死的小女孩，在經歷過無數的創傷後，並沒有因此沉淪，還可以蛻變成眼前這自給自足、堅強的女人時，那種感覺，原來是這麼的溫暖。

要跌倒還是站起來，都在一念之間。

她見到我流淚，抽了幾張面紙遞給我，並揶揄著說：「解決事情的方法有很多，哭是最沒幫助的！說好了哦，碰到難過的事情記得來找我，你在我最脆弱的時候鼓勵了我，現在我也是你的家人。」

大雨過後，就會出現彩虹，在這充滿不公平的世界裡，謝謝妳仍然勇敢的活著。

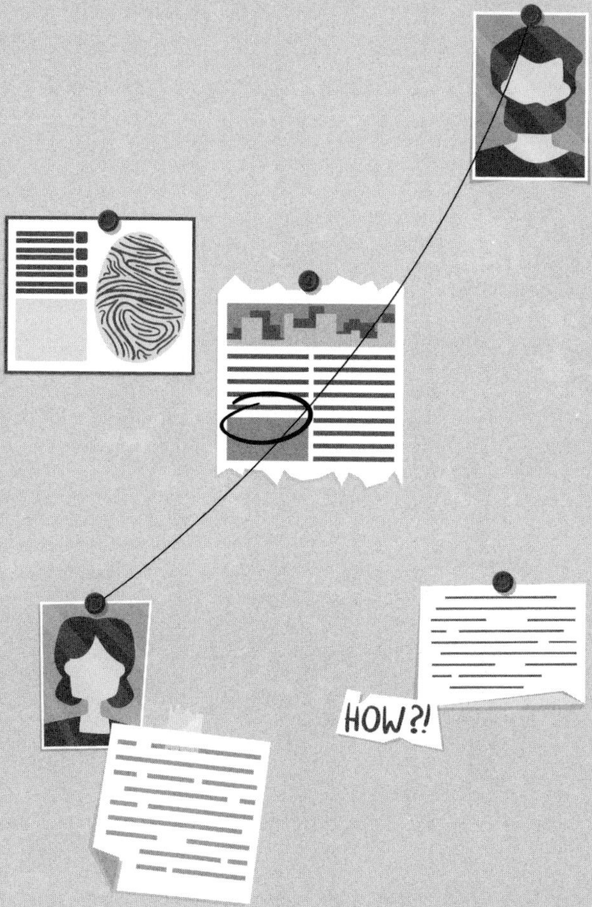
HOW?!

2-6

吊扇上的她

——「人有無限可能，只要你還活著。」

每每與國高中的同學出來聊天聚會，他們總喜歡問我當警察的這些日子有沒有碰過什麼案子是印象最深刻，我總是笑著說：「不管現在生活過得怎麼樣，記得要好好活著。」

這件案子，我想我會記到我退休或者殉職的那天。

殉職聽起來可怕，但比起殉職，我反而覺得睡不飽比較可怕。殉職什麼時候會發生沒有人知道，但睡不飽的痛苦是上班就會發生。

警察是帶槍的文官，是站在街頭的執法者，處理事情需要接觸比較多負面壓力與危險性，身體上背負著熬夜不睡覺的枷鎖，心靈上面臨著隨時會崩潰的風險，稍有不慎就有可能被強力的負面能量吞噬掉。

曾聽過某個分局長講過，其實制服警察比刑事警察還危險，因為制服警察常需要透過臨檢、攔查的方法來達到維護治安的目的，下一秒會攔到什麼人、查到什麼東西沒有人知道，有可能把車攔下來，車窗搖下來歹徒就從車裡開槍，或是假裝停車受檢，警察下車就被衝撞拖行導致受傷。

刑事警察則不太一樣，刑警要逮捕拘提一個嫌疑人之前，通常會對嫌疑人進行通盤的了解與觀察才會行動，像是觀察嫌疑人持有的武器、火力是否強大？嫌疑人通常是單獨行動還是有其他同夥？再透過一段時間偵查蒐集的資料來決定抓捕行動的人數，刑事警察比較少一兩個人單獨行動，確定要抓人時都會利用優勢警力執行任務，對於危險的掌握程度也比制服警察來得多一些。

而大多數會來當警察的人，心裡深處一定有某些東西是他想保護的，有的人是為了穩定收入、改善家計來當警察，這屬於保護家庭；有的人純粹是為了實現正義與理想來當警察，這屬於保護社會，也許出發點不同，但每個警察都是勇敢無畏的。

＝＝＝＝＝＝

這是我剛到派出所沒多久碰到的案件，又是一個晚上六點上到隔天早上六點的大夜班。當時我是二十二點到二十四點線上巡邏兼備勤（就是大備），約莫到了晚上十一點左右，車上的無線電傳來不祥的聲音：「山溝呼叫山洞三！山溝呼叫山洞三！」所裡值班的同事開始炸裂派案了。

「山洞三回答。」我回答。

「有民眾報案，說XX路XX巷〇〇號X樓的家裡鬧鬼需要警方處理，請線上備勤先行前往，到達現場後回報。」

「收到，馬上過去。」

當時我還非常菜，心中還會懷疑為什麼警察要去處理這種奇奇怪怪的報案，後來做了一段時間，就也見怪不怪（攤手）當警察之餘還要充當道士抓鬼。

掛上無線電，我與同事立即開著巡邏車抵達現場，是一棟老舊的公寓。停好車後我和同事拿著手電筒走上樓梯，可能是建築老舊的關係，公寓的樓梯連電燈都沒有，好不容易摸黑走到無線電通報所說的那棟樓層，這層樓只有一戶人家，門口旁緊鄰著狹窄的樓梯，鐵門外還有個紅色的鐵柵門，這樣的擺設加上當時烏漆抹黑的環境，看起來格外詭異。

在屋外隱約看得出門內有微弱的黃光，我敲了敲鐵門外的鐵柵門問道：「請問有人在嗎？我們是派出所。」

我邊敲邊看向門內，此時並沒有人出現，正當我準備敲第二次再詢問時，門內有名女子緩慢的走過來，她面無表情，幫我們開了門。「你們這邊有人剛剛報案嗎？」我問她。

「對，我家鬧鬼。」她依舊面無表情的回答。

「那鬼在哪裡呢？」我順著她的話接著問。

「我帶你去看。」說完她便轉頭慢慢走進客廳。

我與同事對看了一眼，心想可能是碰上精神異常的民眾，便保持警戒跟著一起走進客廳。首先看到的是一個亮紅色的大吊扇，由於這吊扇的顏色特別突兀，與客廳白色的牆壁形成強烈對比，所以特別搶眼，只見女子眼神空洞的坐在客廳的椅子，手拿遙控器，一邊轉著電視頻道，一邊指著吊扇說：「她就在吊扇上面。」

我與同事再注意看向吊扇，哪裡有人？連隻蒼蠅也沒有。

看她說話有些語無倫次，我便開始試圖安撫她：「小姐吊扇上面沒有人啊，還是妳最近工作壓力大呢？可以跟我們聊聊也許會好一點，我們很樂意幫助妳。」

她突然從淡定轉為激動，開始嚎啕大哭了起來，但依然不發一語，只是瞪大眼睛，看著我們一直哭。見她如此激動，同事拿了面紙給她擦眼淚，但她只是哭著，還是沒有說半句話，大概哭了十幾秒吧，突然又停止哭泣，情緒轉為平靜，正當我跟同事感到不可思議時，她突然開口說話：「你們幫不了我的，沒有人可以幫我的。」

我們想繼續關心她、再問點什麼時，她突然站起身，走向房間，打開房間的門，走了進去，一邊看著我們，一邊張著眼睛躺在床上，對，就是張開眼睛躺在床上，看向天花板，那個畫面超級詭異。

「小姐妳還有什麼地方需要我們幫助嗎？」我問。

她沒有回應我，只是瞪大眼睛看著天花板，我們因為擔心她再做出其他怪異的舉動，所以選擇留在門邊看著她，直到她發出打呼的聲音，確定她睡著以後，才靜靜把門關上離開。

回到派出所之後我一邊回報派案系統，一邊與同事閒聊剛剛的情形，同事談笑著說她病得不輕，我也只能把她當成一般可能精神異常的民眾，將處理經過詳細記錄後回報。

在派出所輪班的生活品質比較低，基本上就是上班打仗，下班洗澡睡覺，睡醒繼續上班打仗，一次無限輪迴四到五天，當警察的職業病就是不知道今天禮拜幾，只知道今天日期幾號、今天自己是什麼番號，家人一開始都會問：「你星期幾放假？」一段時間過後會改成這樣問：「你幾號放假回來？」

由於還要接著上明天的班，所以早上六點下班便趕緊洗澡準備睡覺，剛閉上眼，感覺快要睡著的時候，恍恍惚惚之間，就在一片漆黑的眼前看見那名女子，她頭歪歪的站著，眼睛張到最大，眼球夾雜著血絲，彷彿快要凸出來似的，只是眼睛瞪大盯著我看，我嚇得趕緊睜開眼睛，清晨時分，窗外的陽光穿過窗簾打在房間的灰塵上，剛剛的那一幕是怎麼回事？

也許是因為第一次碰到這麼詭異的事情，才會在腦海裡留下深刻的畫面，之後多碰到幾次應該就習慣了吧，我安慰著自己，沒什麼事情，是自己多想了，再次閉上眼，帶著疲累的感覺進入夢鄉。

睡醒後刷牙洗臉，又馬上要接著上隔天的晚班，宿舍在辦公室的樓上，我從宿舍走下樓領裝備要上班，領到一半，就聽到外面值班台同事跟民眾對話的聲音，領完槍剛走出槍械室，就看到同事走了過來：「欸學長，那民眾說她這幾天都沒辦法聯絡上女兒，很擔心女兒發生危險。」

「好，我先了解看看。」說著，我把彈夾放入手槍內。

我走向那名婦人，不待我開口，她著急的說：「長官你能不能幫我找找看我女兒？她這幾天突然都不接我電話！之前明明還會接的！」

「妳女兒是跟妳住在一起嗎？她的電話是幾號呢？」

「來！我現在打給妳看，她都不接！」她一邊撥打手機內的號碼，一邊告訴我她女兒的住址。

她講了一個我很耳熟的地址，並表示女兒大學畢業後就從南部搬過來定居工作，偶爾才會回老家探望父母，兩人平時並沒有住在一起。

我告訴她不然我帶她一起去女兒的住處看看好了，她點頭如搗蒜，連忙說了好幾聲謝謝。

照著她告訴我的地址開，快到目的地時才忽然想起，這不是昨天晚上報案家裡鬧鬼的那家嗎？想到這，一股說不出哪裡怪的感覺襲來，我拿著手電筒快步爬上樓梯，由於昨天才剛來過，一看到紅色的鐵柵門我馬上上前瘋狂敲門，沒多久婦人也跟了上來，她氣喘吁吁的問：「有人回應嗎？」

我對著她搖了搖頭，她趕緊撥打女兒的電話，只聽見屋內傳來手機鈴聲，但沒有人來應門，我馬上打電話給值班同事，請他協助撥打轄區里長與消防隊電話，可能需要破門救人。

由於這棟公寓是女兒向房東租的，我馬上跟婦人要了房東的電話，請房東一同到場。沒過一會兒，房東、里長與消防隊的學長都來到門口，在徵求房東與婦人同意後，消防隊使用工具把門打開，接下來的畫面，我到現在依然印象深刻。

我與消防隊的學長拆開門後進入客廳，見到昨天報案的女子吊在亮紅色的大吊扇上，她當時的模樣駭人，張大著眼睛，穿著白色的小可愛內衣，空氣剎那凝結，彷彿她正注視著我和消防隊學長，應該是剛離開沒多久，沒有散發出屍臭味，可血液不流通導致她看起來蒼白得可怕，舌頭微微從嘴裡伸出，她吊的位置下方還有些許排泄物，婦人見到自己的女兒上吊，立刻崩潰大哭，消防隊學長看了一下女子，初步確認沒有生命跡象後，便對著我說：「那學長現場就交給你囉，這邊幫我簽名一下。」

接著便看他健步如飛的跑了，我立刻回報給值班同事，請他通知鑑識、偵查人員到場採證，我則在現場先拉起封鎖線，無奈的看著婦人一直哭泣，心中也是五味雜陳。

經過鑑識人員初步採證，死者身體並無明顯外傷，現場也沒有打鬥、掙扎的痕跡，門窗也沒有遭到破壞的跡象，現場桌子上還留有一封遺書，信的內容大概是寫著：「我沒有辦法達成我要的目標，沒有辦法，我不知道還能怎麼辦，真的沒有辦法了。」

我問了婦人，她說女兒從小就很會讀書，所以她也花錢栽培女兒上補習班、讀名校，從高中到大學她的成績總是名列前茅，大學也是就讀國立頂尖的名校，碩士班畢業後就離開老家到外地工作。

前陣子女兒回去老家還有聽她抱怨覺得目前的工作薪水不理想，所以父母便建議她考公職，但她考了三年卻都名落孫山，榜上無名。

漸漸的，她變得越來越不喜歡回家，因為她覺得回家就會被親戚朋友問到關於考試的事情，性格上也變得越來越孤僻，父母都表示願意支持她做喜歡做的事情，但她從小就擅長讀書，不理解自己為何屢試不上。

後來我調閱了公寓門口的監視器畫面，發現這棟公寓在昨天晚上我與同事走出門口後，便沒有任何人再進入。她當時的死意很堅決，在殯儀館時聽著法醫與鑑識人員解說，遺體脖子上的勒痕只有一道，深且明顯，代表她上吊時很可能根本沒有掙扎，一心就是想尋死。

＝＝＝＝＝＝

我處理完這件案子時就在思考，死者還沒有三十歲，即使再給她考十年也才三十幾歲，人生還有無限可能，不應自己與自己過不去，也許家人適時地多一點陪伴，傾聽她的聲音，她也給自己多一點的放開，把心中的委屈告訴昨晚來處理的我們，壓力可以得到些許發洩，也許她就不會選擇離開了。

經歷過這件案子，也讓我體會到，人的生命實在無常，同時也很脆弱，有的人拼了老命、不惜代價只為了可以活下去；也有的人為了逃避而輕鬆結束生命，在他人眼中的無價之寶，在沒有求生意志的人眼中竟是如此一文不值。

2-7

海邊的腐屍

——「當你凝視著深淵時，深淵也在凝視著你。」

我平時喜歡用筆記本記錄工作上遇到的案件，當作一種品味生活的方式，等過一段時間再來回憶當時接到案件是什麼心情，也可以檢視今天的自己是否有比之前的自己進步，碰到案子是否還會緊張？亦或是手忙腳亂？

＝＝＝＝＝＝

這個故事是我來偵查隊擔任刑警工作後，接到的第六件刑案現場，印象很深刻，第六件刑案與第五件是同時來的，而第五件刑案比較簡單好處理，是幫派聚眾互砍。

當時大概晚上十點多，城市裡大部分的人準備休息時，正是這些特殊份子開始蠢蠢欲動的時候，喝了點酒，為了點錢，還是為了馬子，不管什麼原因，都可以是他們互相攻擊的理由。

我在制服警力到場後才到場接手處理，我們處理這類群眾鬥毆的案子通常是這樣：有人報案，由派出所制服警察先到場，觀察現場打架的人數與情形，向勤務中心喊支援，由分局下各派出所、警備隊及偵查隊組成快打警力到場壓制氣焰，用優勢的警力人數來處理、進而控制現場。

這件幫派互砍的有幾個因為傷勢嚴重而倒在現場，我到場時發現有幾個運氣比較差巴嘎冏的要害被砍中，大量的鮮血染紅了馬路，許多藏在人體內的臟器也可以在現場瀏覽得到。

空氣中瀰漫著一股淡淡的「豬肉攤味」，那味道大概就是有點鹹鹹的，並夾帶些許腥味。現場真的有如幫派電影演的，這些人在逞凶鬥狠過後，剩下的只是人性的脆弱，他們哀號的聲音此起彼落，嚷嚷著叫警察趕快幫他們叫救護車，這些身上刺青、穿著黑白三葉褲的巴嘎冏倒臥血泊之中，害怕死亡的模樣與平時凶狠的樣子形成強烈對比。

先行到場的制服學長已經先幫他們叫救護車，在等待救護車來的過程中，我則在現場拍照、測繪，採集現場跡證及物證，任何可能和這件案子有關的事物都要詳加記錄，有無持有凶器或者用什麼方式砍都要加以釐清。

正當我專心處理著這件案子時，又接到隊上值班同事的電話：「你這件處理完了沒？處理完後去ＸＸ海邊一趟，有『鯊魚』。」

聽以前的老學長說，早期的警察處理水流屍、浮屍這種案子，到現場後看到屍體在水裡載浮載沉，看起來就像鯊魚的魚鰭般，後來便用「鯊魚」稱作水裡的浮屍。

掛掉電話，我趕緊對著現場派出所的學長說：「學長！死掉的這些我先處理，我會通報法醫跟檢座來相驗，你們等下幫忙做一下筆錄，等處理好我還有下一攤要趕！」

相驗就是「檢視大體」的意思，判斷死者的死亡原因與方式，然後發給死亡證明書或相驗屍體證明書，用來辦理後事。相驗一般分成兩種，行政相驗與司法（刑事）相驗。

行政相驗就是病死或者自然死亡，且家屬對於死者的死亡沒有疑議，由醫事單位開死亡證明書。司法相驗就是非病死或自然死亡，由檢察官及法醫到場驗屍，釐清相關犯罪嫌疑，進行必要的勘驗與調查後發給相驗屍體證明書。

而在場處理的制服警察是一個年紀看起來可以當我爸爸的老學長，戴著眼鏡、有一半的白頭髮，臉上佈滿了皺紋，應該是日夜顛倒幾十年的關係，他臉色很臭，不太搭理我，對於我說的話也沒有太多回應，彷彿沒聽見似的。

我趕緊將現場處理到一個段落，聯絡隊上的學弟來現場支援，在場陪同檢察官相驗，後續一些卷宗的處理我再接手，而我自己則開車跑往下一攤——「鯊魚」。

＝＝＝＝＝＝

那是一個位在海水浴場的沙灘，我看了看手錶，時間已經將近晚上十二點，快抵達現場時，就看到有橘衣服海巡人員在沙灘路口處對著我招手，引導我進去現場，我趕緊提著我們的裝備箱與照相機跟著海巡的學長走。

凌晨的沙灘，伴隨轟隆隆的海浪聲，我從沙灘走到海邊的過程，遠遠的就看到海岸邊躺著一個類似充氣娃娃的東西，已經有派出所的制服警察在現場，他站得遠遠的，臉上帶著嫌惡的表情。

而空氣中除了有淡淡的海鹹味，還有一股鹽巴參雜著屍臭味的特殊味道，由於不知道在海裡泡了多久，大體呈現全身腫脹的狀態，仔細一看，身上還有多處疑似被啃咬的小型傷痕，整個大體看起來軟軟爛爛的，還不時滲出一些綠黑色的不明液體。

由於大體的臉部浸泡海水，腫得不易辨認，但看身形應該是名中年女性，身上的衣服完好無缺，內衣褲也都還在，身上並沒有攜帶證件及皮夾，我拿出相機準備拍照，因現場漆黑無光，所以我拍照需要拿著手電筒及開閃光燈輔助。

拍大體的其他部位閃光燈及手電筒都正常，但只要光源照到大體的臉部，手電筒的光就會自動熄滅，相機的閃光燈也無法正常作動，當下並沒有太多想法，只是心裡突然閃過一個想法：「大姐，我是來幫妳拍照的，沒有不敬的意思，可能妳不喜歡，我拍幾張就好。」說也奇怪，原本會自動熄滅的光源在剎那也就好了。

我馬上在現場拍照、測繪，並通知分局的鑑識人員前來採集跡證，鑑識人員到場想採集死者的指紋，發現死者的手掌都已腫到快爆開，指紋早已不清不楚，沒有辦法做有效的採集。

但在死者的兩隻腳上，各發現一道刮痕，輕輕觸摸還會從裡面滲出水來，鑑識人員在其中一隻腳的刮痕裡發現一根頭髮，立即將頭髮放進證物袋，準備帶回去警局檢驗，等到鑑識人員作業完成後，由派出所的學長通知轄區公立殯儀館來協助運送、處理大體，明日早上再報給檢察官來進行相驗。

沒過多久，便看到海水域場入口處，殯儀館委託的葬儀社人員拿著白色屍袋走來，兩名葬儀社人員戴著口罩，面有難色的慢慢靠近，他們兩個討論了一下，決定一個抱著頭，一個扶著背部還有腰將大體緩慢放進屍袋。

可能是浸泡太久的海水，大體處於一個軟軟爛爛的狀態，葬儀社人員戴著手套，手只要碰到大體，稍微出力，就會整個滲進去大體裡，穿過綠黑色的肉，摸得到骨頭的那種，搬運的過程中有外力在，葬儀社人員必須小心翼翼地抬起，稍不注意，大體的手腳與身體隨時都有可能會分開。

回到隊上，我馬上開啟失蹤人口系統查詢，查找有無最近在海邊附近失蹤或者行蹤不明的人，希望可以早點確認這名大姐的身分，替這名大姐找到一些蛛絲馬跡，還給她一個該有的答案。

＝＝＝＝＝＝

到了隔天下午，檢察官帶著法醫到殯儀館進行刑事相驗，我則在旁拍照，屍袋一拉開拉鍊，昨天在海邊那股熟悉的味道又撲鼻而來，那個味道我保證，只要聞過一次一輩子都忘不掉，連常常在看各種大體的法醫都皺起眉頭。

法醫看了看、摸了摸便告訴檢察官：「脖子，脖子這裡有很明顯被勒過的痕跡，且脖子與身體接合處有瘀血，有被勒過跟外力攻擊的可能，你可能要查一下了。」

檢察官聽完馬上告訴我，用殺人案去處理，一回到隊上，我馬上向隊長報告這件事情，接著打電話去警局鑑識科詢問當天採到的頭髮是否有什麼發現，處理的鑑識學長告訴我，頭髮檢驗出來是一名男性，住在離我們轄區超遠的縣市。

我馬上使用系統查詢這名男性的資料，發現他在不久前有到派出所報他的老婆失蹤，我透過電話詢問到當時受理他老婆失蹤案的派出所學長，發現這名男性當時進派出所報案時神情緊張，看起來十分焦慮，對於老婆具體的失蹤時間也是交代得十分模糊。

於是我繼續使用車籍系統查詢到這名男性的車牌號碼，並且調閱他去派出所報失蹤前後三天的行車移動影像，用電腦繪製軌跡圖，發現這名男性在報案前及報案後都有把車開到一個大橋邊停著，約莫停留十到十五分鐘才離開，他把車停好後，也許是跟監視器解析度的畫質有關吧，他模糊的表情異常的冷血，與派出所學長形容的「神情緊張」有明顯的出入。

覺得他非常可疑，對於這件案子有涉案的可能，在請示過檢察官後，我寄發給了這名男子辦案通知書，叫他來隊上製作筆錄，將案情說明清楚。

過了幾天，他便從從容容的走進辦公室，給值班的學長看了我發的辦案通知書，走到我旁邊，對著我說：「現在的警察也真是的，不好好辦案，去抓那些壞人，居然還找失蹤者家屬的麻煩，真是無聊！」

我對著他微笑，把我這幾天觀察到的細節對著他詢問：「大哥，請說明為何在報案後跟報案前都要去ＸＸ大橋邊停車？你當時去橋下做什麼？」

「我老婆失蹤，我想說要去海邊找她啊！又不是只有橋下，我也有去大賣場找啊！」他表情非常不耐煩。

我看了一下手邊的軌跡圖，發現他並沒有開車前往他指的大賣場，便拿軌跡圖給他看，並且詢問他是怎麼去大賣場的，本來理直氣壯的他，看到這張軌跡圖，說話開始變得有些小聲、猶疑，他告訴我他是騎機車去大賣場的，並不是開車，所以軌跡圖看不出來他有經過賣場。

我接著問他：「你方便拿你老婆的照片給我看嗎？」

他表情不悅地拿出手機，給我看了他跟老婆的合照，照片中的女子跟在海邊像麵團般腫脹的腐屍實在是看不出來哪裡相似，我便繼續問他：「我們幾天前在海邊發現一具腐屍，腐屍的腳下有發現兩道刮痕，裡面有你的毛髮，你可以解釋一下為什麼嗎？」

「我怎麼知道為什麼？這要問你們警察吧，你們不是有辦案的儀器跟工具嗎？去查啊，問我幹什麼？」他依舊不耐。

見他不願意配合詢問，我便拿著軌跡圖繼續問他：「從這張軌跡圖可以發現，你在老婆失蹤前有去五金行買東西，去買什麼東西？」

「這是我的個人隱私，沒有必要告訴你。」

我接著拿出他把車停好後，上下車的臉部特寫照片，問他：「一般人老婆失蹤去報案，應該會很緊張或著急才是，你怎麼看起來這麼冷靜？」

「長官，你有病吧？看這麼仔細要幹嘛？我很累，找了我老婆好多天了，當然看起來會比較疲憊啊。」此時他站起來準備要離開。

眼看快要問不下去，我只好先試圖安撫他的情緒，一邊安撫我一邊問他，最後一次跟老婆見面是什麼時候？

他對著我大吼不知道，他忘記了，接著情緒越來越激動，臉部表情漸漸變得奇怪，身體開始出現異常的扭動，整個人好像被什麼附身似的，旁邊的同事見狀，趕忙過來幫忙將男子壓在桌上，並告訴他冷靜。

卻只見他口裡唸唸有詞，講著含糊不清的話，聲音也不再是原本正常的男聲，而是開始發出有些低沉的「女聲」，逕自喃喃自語，搭配著違反人體工學的扭動，怪異的動作讓我跟同事在旁看傻了眼，一個人開始自言自語。

仔細聽，依稀可以聽出他嘴裡唸的是「我躺在那好冷……」

「我好痛……你怎麼忍心這樣做……」

「都來到這邊了……怎麼還不承認……」

他開始用女生的聲音啜泣，我跟同事睜大眼睛看著他表演，正準備打電話幫他叫救護車時，他用稍微正常的男聲開口說話了：「我以為妳在外面有男人，妳最近都沒有拿錢給我，錢去哪裡了？是不是在哪個野男人那裡！妳說啊……我不是故意的啦！原諒我好不好？我知道錯了。」

說也奇怪，在他說完知道錯了這句「關鍵字」，他整個人恢復了正常，眼淚也嘎然而止，他用茫然的表情看著我跟同事，說出了真相。

「我懷疑她外面有男人，我平時都打零工，經濟不穩定，都是她出去做一些苦力活賺錢拿給我，最近幾個月她都不願意跟我發生關係，我才會懷疑她外面有男人啊！」

聽他這樣說，我馬上接著問：「你是用什麼方式跟工具殺她的？」

「我喝了酒，趁她下班洗澡時拿電線勒住她的脖子……她有跟我求饒，但我當下太氣憤了，失去理智，才會失手把她勒死……」他開始卸下心防。

「那為什麼她的腳下會有兩道刮痕？」我問。

「我聽有在研究靈學的朋友說，在死者的腳下用刀子刮兩道傷痕，冤死的人就沒有辦法找到你報仇了。」

後來我們得到他的同意，去到他家中採集，將他家中浴室地板的毛髮蒐集檢驗，DNA果然與海邊腐屍身上的毛髮一樣，進而確認死者便是這名男子的老婆。

他使用電線將老婆勒斃後，再趁半夜用黑色塑膠袋裝著老婆的屍體，開車到大橋下丟棄，因為擔心屍體會飄回來讓事跡敗露，所以在棄屍後又幾度前往該處查看有無異狀。

＝＝＝＝＝＝

這件殺人案總算暫時告一段落，對於這段離奇的偵辦過程，要不是親眼所見，看著那名男子在我面前扭來扭去，若是從別人口中說出我也不會相信。也許真的是冥冥之中有所謂的因果報應。

正義公理需要警察努力調查的物理事實與犯罪證據，但有時候也需要天地間無形的力量來助一臂之力。

2-8

房裡的女孩

——「每個人都有權利選擇，想過什麼樣的日子，當怎麼樣的人，也是。」

有次我跟高中同學聚會，他們問我為什麼剛從警校畢業時體格標準、健壯，明明就不菸不酒，沒啥不良嗜好，現在卻越來越胖，身材有漸漸「走鐘」的趨勢，我笑著說：「職業傷害啦！每天睡覺的時間不一樣，吃的時間也不固定，下了班只想睡覺，怎麼可能會瘦？」

他們問我為什麼不去運動，我回答：「有阿，差點死在公園。」朋友們聽我這樣說都驚訝至極，連忙繼續問起原因。

「我曾經試過，從晚上八點上班到隔天早上十點，整整十四個小時，下班之後想說去轄區的公園慢跑，我剛走到公園就開始喘，熬整天的夜早已頭昏眼花、頭腦空白，哪還有什麼力氣運動？」

這是每個警察的無奈與悲歌，在工作壓力與非同常人的作息下，只能在夜晚時看著照片中的藍臂章❺，摸摸自己橫向發展的肚子回味。

仔細觀察可以發現，從事警察稍微有些資歷的學長，肚子很少是平的，即使有看起來瘦的，可以跟他要看看之前警校時期的照片，一定也比現在更瘦。

維持運動的習慣很重要，但是有良好的睡眠品質更重要，還記得有次警察局提供經費補助讓我們去醫院健康檢查，進行完一連串的檢查後，到了診療室有醫生講解體檢報告，那時的醫生是個女的，戴著眼鏡，看起來有些年紀，她倒也直接，看了看體檢報

❺ 藍臂章：讀警校時身上制服的臂章是藍色的，代表著警校（實習）生。

告，劈頭就問：「都沒在睡覺齁？年紀輕輕肝指數就異常了，尿蛋白也有一些問題，水喝太少了，你是在做什麼工作的？」

「我……我……我是公務人員。」我回答。

「公務員有這麼操勞哦？你還這麼年輕身體就有一些問題了，看報告應該是作息不正常才會有這些紅字。」她接著回答。

我看著她說話，其實腦袋一片空白，看著她嘴唇在動，不知道在講些什麼，大概也是要我多睡覺，維持正常作息，建立運動習慣這些關心的話吧。

她接著問：「有抽菸喝酒吃檳榔嗎？」

「哦哦都沒有。」我趕緊回答。

「還好你沒有，不然報告上的紅字會更多，繼續保持，有空多注意身體狀況，要不要幫你安排下次掛號做檢查？」醫師說。

「那個……請問我這些紅字異常會對我的生命有立即危害嗎？」我緊張的問。

「是不會啦，其實這些問題都好解決，你把作息調整回來就都會自己好了，記得啊，要多睡覺，少熬夜。」她淡定的說。

後來收假回到辦公室，一個從警將近二十年的老學長晃到我旁邊問：「欸啊你去體檢得怎麼樣啊？有沒有什麼問題？」

「有啊，唉……有一些指數都亮紅字了。」我搖搖頭。

「那算什麼，我高血壓十幾年了，我還喝酒喝到痛風跟顏面神經失調勒！」他語帶嘲諷的說著。

學長看我低頭不說話，原本輕鬆的態度馬上轉為嚴肅，輕輕地說：「這是我們警察的宿命。你漸漸就會懂的，能睡就睡，能吃就吃，知道嗎？」

我沒有回應他，只是看著他的眼睛，點點頭。

這也是現實中的警察跟電影裡的警察不太一樣的地方，電影裡的警察帥氣有自信，身材像健美先生，肌肉都長在對的地方，電影裡的警察穿制服背著槍走在路上威風凜凜，春風滿面，看起來好神氣。

而現實中的警察，大多有一點肚子撐起微緊的制服，肥肉都在肚子跟下巴，穿制服去買便當或午餐，會被民眾檢舉，都得在外面多穿一件便服外套，走在路上遮遮掩掩，也不喜歡告訴別人自己在當警察。那些喜歡穿制服發文、打卡說自己是警察的，通常是還在學校的學生，不然就是畢業兩年內的菜鳥，還保有所謂的「警察魂」。

多數警察在服務超過兩年後，會開始質疑自己當時為什麼要考警察？看看自己內心警察的樣子跟自己現在的樣子，怎麼會差這麼多？每天都在處理這些狗屁倒灶的怪事，看著身上越來越緊的制服，除了月初的薪水之外，自己到底還剩下什麼？

刑警工作內容除了日常的巡邏、在單位值日及刑案偵查，還有一項「地（轄）區探查」，顧名思義就是到自己的轄區晃晃，找地方人士聊天獲取資訊，或者在一些特殊場所布置線民，與轄區特種行業建立聯繫方式，打好關係，藉此拿到第一手訊息，由於時常出入一些比較複雜的地方，自然可以認識很多各行各業的朋友，看到許多比較特別的事情，有的令人啼笑皆非，有的讓人臉上三條線，也有的讓人揪心難過，久久無法忘懷。

＝＝＝＝＝＝

那天我是夜班，一如往常的領好裝備出勤，開著偵防車，把轄區的超商及金融機構巡邏表簽完後，同車的老學長笑著對我說：「我要回家吃晚餐，你自己找地方休息還是怎樣，要交班的時候我再告訴你到哪接我。」

或許是心裡對「家」有股愧疚感，他說在外地工作二十幾年，到了快退休的年紀才調回故鄉，希望可以多花時間回家裡陪伴家人，工作得過且過就好。

目送老學長下車後，突然想起身上有件案子細節要問轄區的民眾阿坤，剛好可以利用這個空檔去找他，撥了電話，得知他目前正在一間按摩店消費，開著偵防車到了附近停好後，我尋著地址找到了他說的那間按摩店。

這是一處老舊的社區公寓，沒有電梯，狹窄的樓梯只能容納一個人。我緩慢地走上擁擠的空間，到了他說的按摩店地址，一個生鏽掉漆的柵欄隔著裡面的門，我把柵欄推開，可能是生鏽的關係，柵欄與牆壁的接縫處發出刺耳的嘰嘰聲，裡頭迎面而來的是一個稍微有點年紀的婦人，她穿著黑色的薄紗睡衣，裡頭的內衣若隱若現，帶著笑意靠近我，「年輕人，第一次來嗎？要不要我幫你介紹。」她用台灣國語腔問著。

「哦對啊，我來找朋友的，他正在裡面。」我回答。

「你朋友叫什麼名字？這裡可能沒辦法多人同時一起哦。」她皺起眉頭，狐疑的看著我。

看到她開始有點不耐煩，我掏出皮夾，表明自己的身分，她態度馬上一百八十度大轉變，貼近並伸出手輕觸我的肩膀，「逮林阿，別這樣啦，我們做做小生意而已。」她尷尬的笑著。

「我知道你們這裡是做什麼的，不過這不是我今天來的目的，我進去看看就好。」

她連忙拉著我慢慢走進狹小的走廊，裡面有好幾個房間，房間的中間有個小客廳，由於隔音非常差，可以聽到各個房間裡頭發出的怪聲，猶如小型的音樂會般。

她拿了瓶飲料請我喝，並拿了登記表，看看我朋友阿坤目前在哪間「消費」，他們這裡算是小型的工作室，這位徐娘半老的婦人是這裡的媽媽桑，她一邊翻著登記表一邊說著：「我們這裡的管區也很常來消費，跟你們警察都很熟啦，可不可以不要看太久？」

我點了點頭，並打電話給阿坤，也許是正在翻天覆地，所以阿坤並沒有接電話，我站起身打算看看這裡的環境，她也跟著站起來，似乎是怕我看到些什麼，一直跟在我旁邊，積極地陪笑著。

我走到一個門沒有關好的小房間，正打算幫他們把門關起來，卻不小心看到令我畢生難忘的一幕。

一個粗壯魁梧的大漢，正用「老漢推車」的姿勢與一名小女孩激戰著，而這名小女孩一看就是還沒發育完全，看到此景，我馬上推開門走進去，而那名大漢似乎被我突如其來的舉動嚇到，立刻停止衝撞的動作。

媽媽桑趕緊拉著我說：「別這樣！我們真的只是討生活而已！」

我沒有搭理她，對著男子及小女孩吼著：「小妹妹妳幾歲？怎麼在這裡？」

小女孩眼睛無神，用不屑的表情對我說著：「乾你屁事？」

我拿出服務證，大喊「警察！」

「警察又怎樣？你想怎樣？消費也是要排隊。」她裸著身體、淡淡的說著。

我向媽媽桑要了件外套給她，而她的態度非常不友善，不太理我，我問她基本資料，她也都不願回答，只是眼神空洞的發著呆，而媽媽桑則面有難色的想隱瞞著什麼。

我看了看時間，差不多要去接老學長回隊上了，於是我跟媽媽桑要了聯絡方式，記下按摩店地址與小女孩的名字，這時才知道這小女孩叫做小儀，看起來就是未滿十八歲。

過了幾天，下了班，我帶著晚餐便騎著車到了這間按摩店，稍微熟悉了一下附近的環境後，逕自走上狹窄的樓梯，媽媽桑看到我便熟門熟路的過來裝熟，「逮林阿，怎麼有空來？是要來消費嗎？」她邪魅的看著我。

「我來找小儀，她在嗎？」

「她現在有客人，你如果要點她需要排隊哦。」

「嗯好，那我在客廳等她。」說完我便找了個椅子坐著。

「還是你想看看別的，我這裡有很多不錯的欸。」她積極的想幫我介紹。

「沒關係，等她好了再幫我請她出來一下，我有事情要跟她說。」

「有什麼事情你可以先跟我說啊，大家研究一下。」媽媽桑看起來有點不自在，我滑著手機，沒有搭理她。

等到小儀接完客人，媽媽桑便把她叫到客廳，她依舊是那個厭世的表情，遞給她我帶來的晚餐，告訴她：「辛苦了，記得吃點東西。」說完，我便起身離開，接下來的幾天，只要我有時間，就會去那間按摩店，帶甜點及食物給小儀，送到媽桑以為我在追求小儀。

有天，我一如往常的帶著晚餐去給她，終於跟平時不一樣，她穿著衣服走了出來，「你一直送東西來，到底想怎樣？」她講話依舊嗆辣，但看得出來稍微願意溝通。

「妳什麼時候下班？我們可以聊聊嗎？」

「有什麼好聊的？你們男人要的不都一樣嗎？」她面無表情的說著。

「妳這麼年輕，在這裡對妳真的不好，妳幾歲？」

她收起善意，起身走回房間。

「我是真的想幫妳，沒有別的意思。」我誠摯的告訴她。

這時媽媽桑走了出來，用台灣國語跟我打招呼。

「姐啊，小儀借我一下好不好？讓她出來放風一下啦！」我用台語問著。

「你去問她要不要啊，今天沒什麼客人，可以。」她倒也爽快。

她回房後又走了出來，身上披了件牛仔外套，「啊我們要去哪裡？去外面開房間哦？」這是她第一次面帶微笑的對著我說話。

我帶著她找了間咖啡廳坐下，「妳到底幾歲啊？為什麼要在這裡工作？」我問她。

「你猜啊，誰願意在這裡工作？」

「妳身分證我看看，我想想辦法。」

「身分證沒帶，我十五歲，一個孩子的媽。」

「妳已經生小孩了！小孩呢？」

＝＝＝＝＝＝

她才娓娓道來這段悲劇，她是單親家庭，爸爸很早就離世了，留下她與體弱多病的媽媽。國中叛逆時交到壞朋友，每天鬼混抽菸，小小年紀就放棄了學業，成天跟八嘎囧混在一起，也因此跟媽媽鬧僵，母女再也沒有聯絡。而男朋友是去跳陣頭扛轎的時候認識的，屬於社會底層的「人才」，國中畢業就不讀書了，整天飆車賭博上夜店，身邊還有一群稱兄道弟的好兄弟。

她跟男朋友同居沒多久就發現自己懷孕了，男生不但不想負責，叫她把小孩拿掉，還提出了分手，她苦苦哀求男生別這麼狠心，換來的只是男生的杳無音信。

後來她只好獨自把小孩生下來，當時的她才國中二年級，學業部分早已放棄，回到家中希望尋求媽媽的協助，但媽媽對於她之前的行為早已心灰意冷，再加上自己身體狀況越來越差，實在是沒有多餘的心力可以幫助她什麼。

她試過求職，去做過服務業，但她連學歷都沒有，能找到的工作實在不多，即使她真的後悔了，可沒有管道的她根本不知道該怎麼重新站起來，而且微薄的薪水完全沒辦法支應三個人的開銷。最後是透過以前的跳陣頭的朋友介紹，下海接客可以短期賺到錢，不用學歷也不需要付出太多成本。就這樣，她騙媽媽自己找到收入高的工作，白天小孩給媽媽照顧，晚上下班再自己哄小孩，讓媽媽好好休息。

「如果可以，誰想整天躺著被人家搞……」她用台語、淡淡地對我說著這句話。

「前半段的人生，妳走偏了，但現在，妳自己可以選擇要過什麼樣的日子。」我告訴她。

「我想，但小孩怎麼辦？錢怎麼辦？」她語氣很是徬徨。

我對她說，可以幫她請社政單位及民間團體介入幫忙，幫她找到薪資平穩的工作，讓她去把學業完成，小孩也可以協助處理，讓生病的媽媽好好休息。

＝＝＝＝＝＝

後來我聯繫了在社會局上班的朋友，還有常常在獅X會捐錢拿匾額的友人，把小儀的故事說給他們聽，他們都很願意幫忙，出錢出力。

小儀也在我們的幫助下找到了一份連鎖賣場的正職工作，正常上下班，月收入兩萬九千元。學校的部分則利用下班時間去進修部讀書，在她去賣場工作時我也會帶些餐點去給她，發現她工作時非常認真、專注，而且看起來很知足。

看她的日子漸漸步上軌道，加上自己工作也忙碌，漸漸的，我便沒有再去找她，也逐漸淡忘了這件事。後來我從分局的偵查隊調回局本部的刑警大隊，每天汲汲營營，為了長官們的績效遊戲奔波，希望可以讓長官們在臉書上露臉拍照握握手，在案件與治安率上競逐，搞得焦頭爛額，回到隊部還有滿滿的公文及卷宗要移送、呈報。

===

某天中午，有個同事拿著一個信封給我，上面署名寫著要給我，我利用空檔在辦公室的位置上打開這封信，發現是一幅畫，上面畫著一個穿著制服的警察與一對母子，看起來應該是小孩子畫的，在畫的下方寫著「ㄒㄧㄝ、ㄒㄧㄝ、ㄋㄧˇ」。

警察工作對我而言，除了薪水，可以帶點溫暖給有需要的人，在他們處於困境時，伸手拉他們一把，或許正義在現實中早已被體制與複雜消磨殆盡，但它偶爾還是會在我心中發出光芒。

2-9 鬼報案

——「人其實比鬼可怕，尤其是會害人的人。」

轉眼間，來到偵查隊已有好一陣子，幾乎每天被案件還有移送文書追著跑，分局開會時還特別喜歡檢討偵查隊的刑案破獲績效，每每隊長去開會，被叮得滿頭包回來就會開始嚷嚷：

「不要整天穿著拖鞋在辦公室走來走去，去給我抓東西回來！」

「你看看你們，領著國家薪水，當薪水小偷，只會移送，都沒有績效！」

績效績效，拿雞來笑，畸形的警察績效文化。

好像警察日常沒有抓槍抓毒就都沒有在工作一樣，導致許多被逼急的警察鋌而走險，遊走在法律邊緣隨意侵害民眾權益，或者乾脆扮起黑道恐嚇轄區內有前科的人，要他們再違法讓自己抓。

不誇張，我真的有看過這樣的案例！

也許是花點錢請那些人吃飯喝酒再開車，或是直接叫他們去犯罪，各種犯罪都好，再剛好「路過」案發現場，線上查獲。

警察在勤務中主動發現犯罪嫌疑人及犯罪事實，除了原本案件的獎勵外，會自動多加一支嘉獎，叫做「線上立破」。我看過許多同事因為這支嘉獎進出法院，有的安然脫身，也有的因此離開警界，但那些出張嘴要我們去抓東抓西的長官，往往都是安全下莊，時間到就調動升遷，拍拍屁股走人，留下深陷績效泥沼的我們，繼續無限輪迴。

以上所述都是我夢到的，不負任何責任。

＝＝＝＝＝＝

我的辦公桌上有兩支電話，一支是公務電話，就是警用專線，僅限於警用系統通訊，可以在辦公室內轉來轉去的那種；一支是普通電話，就是一般外線電話也可以打進來，平時大多都是使用警用電話聯絡事情較多，久而久之，由於使用的頻率太低，我連桌上普通電話的號碼是幾號都快忘記了。

還記得那天凌晨夜班，我在辦公室整理移送卷宗，辦公室內還有另外幾個共同值夜班的同事，幾個人坐在自己的辦公桌上，隔空討論著等等消夜要吃什麼，我桌上的普通電話突然響起，我先是愣了一下，一邊納悶這時間普通電話怎麼會響起，一邊趕忙將電話接起。

「ＸＸＸ偵查隊偵查佐不拎ＧＵＮ您好！」

「我要報案，我這邊有車子拋錨，可以請人來幫忙嗎？」電話那頭是一名男子的聲音。

「咦？車子拋錨怎麼會打來這邊，我幫你轉給派出所，你那邊是哪裡？」

「不知道欸，我打一一〇阿！我這邊是XX縣的〇〇山區產業道路，附近有根電線桿，我給你號碼。」他的聲音聽起來異常的冷靜。

我隨即拿紙筆記錄地點，正當我準備繼續問有幾人受困、現場氣候如何的時候，電話那邊，男子的聲音背景傳來一個老人的聲音，虛弱的說著：「趕快來哦，你一定要來哦。」

我記錄完地點，對方表示不知道有幾人受困，只是要我們趕快去，先打了電話給該管轄分局的派出所，請他們先派人過去查看，我則坐在辦公室內，與同事談起這件事，其中有一名平時不太與我交流打屁的學長「阿慶」，聽到我說到這件事，用台語表情嚴肅地對著我說：「我覺得你要去欸，感覺有點不太尋常。」

「可是學長……有點遠欸，而且，為什麼打一一〇會轉來我這？」我充滿了疑惑。

「這就是事情奇怪的地方啊，打一一〇應該會轉去他們那邊的勤務中心吧，怎麼會轉來這邊？你桌上的普通電話號碼是多少你知道嗎？」

「我要看桌上的通訊錄才知道，太久沒有用了。」我回答。

「連你都不太知道了，對方怎麼會知道你的號碼？你等下什麼班？看一下這邊到那邊要多久。」他突然變得嚴肅認真。

「等下就下班了，我看一下google地圖……開車大概一個小時左右。」

「我等下也放假了，開我的車吧，我們去走一趟，看看是怎樣。」

等到交班時間到，我與阿慶學長把裝備繳回槍械室後，約到了地下室的停車場集合，上了阿慶學長的車，他便開始說：「當警察，要有敏感度，你還年輕，要學習的東西很多。」

聽到這番話，我點了點頭。

「平時要摸魚喇低賽我都沒意見，但碰到比較不尋常的事情，要稍微積極一點，拿出警覺心。」

他一上車便開始認真地指導我「如何當一個好警察」。

學長講的也是很有道理，警察工作的環境瞬息萬變，稍不注意就有可能終身殘疾，或者錯過辦案時機。

「像剛剛如果我是你的話，我會打電話請示主管，看要怎麼處理比較好。」

「請主管下指令，到時候真的有責任產生也可以把責任分給主管，你都沒有向上報告，到時候出事他們撇得一乾二淨，衰的是誰？還不是我們。」他繼續認真地說著。

聽到這裡，我對著他說：「謝謝學長的指導，我下次會更積極努力的，不過我很好奇，學長為什麼平時都不太搭理我們啊，是不是有什麼地方我沒有做好的、需要改善的，學長可以跟我說。」

他用一種「你這個小屁孩」的表情看了看我，說道：「現在的年輕人整天只想著要往上考試，基本功都會了嗎？等你真的考上了要怎麼領導底下的同仁？」

「還有你們這些學校畢業沒多久的菜鳥，在派出所碰到的事情這麼少，很多事情都還沒有摸透呢！憑什麼來當刑警？我可是在派出所大輪番超過十五年欸！」

原來他是對於我的期別太晚感到有意見，也看不慣年輕人利用空閒時間讀書準備考試。

聽到這些平時聽不到的心裡話，我陷入沉思，學長平時在辦公室晃來晃去，碰到案子也是能閃則閃，能不處理就不處理，真的躲閃不掉，要去現場也是拖拖拉拉，派出所轉過來的案子也是，他可以打電話去派出所刁卷刁筆錄，就是不願意自己蓋章改一改，平時對我們這些同事也是要理不理，稍微有點孤僻的個性加上講話總是自帶嘲諷，使得他在辦公室的朋友越來越少。

由於這個話題較為嚴肅，我看了看學長，見他靠著窗戶打哈欠，沒有打算繼續講，我便也跟著沉默，車內氣氛就這樣維持著，直到我們抵達管轄派出所門口。

一位穿制服的學長走了出來，「有什麼事情嗎？」他問。

「我們是XX分局偵查隊，剛剛有打電話來通報你們轄區山上有車子拋錨的事故，你們的人去了嗎？」說著我們拿出服務證給他看，

他看了看便說：「我們這裡是觀光地區，但這種時候怎麼可能有車子拋錨？應該是小朋友打電話惡作劇吧！」

「而且，車子拋錨怎麼會打去找你們？從來都沒有聽過這樣的事情。」

說罷，他便準備要走回派出所。

此時站在我旁邊的阿慶學長開口了：「你們的人有去了嗎？還是根本沒去？」

那名學長轉過頭來不耐煩的說：「這麼晚了，大老遠跑去山上找拋錨車，我們也沒有裝備跟工具啊，要怎麼救車？而且這麼晚要去哪裡找人來拖車？」

「如果民眾在山上身體有問題怎麼辦？真的有需要幫忙怎麼辦？」阿慶學長說。

我轉過頭看了看阿慶學長，只見他正義凜然的質問著該名制服學長，這時候的他，身上彷彿發著光般，那麼地正氣滿滿。

該名制服學長才不耐煩的說目前所內只有他值班，如果有事情要處理要打電話叫主管下來貼值班，他跟我們一起去這樣，他猶豫了一下，打了電話給正在休息的主管，主管這才穿了個吊嘎從樓上走下來，他了解情形後便說：「的確滿詭異的，你還是跟他們上去看一下好了，有事情再聯絡我。」

接著我們倆就跟著這名學長一起上山，沿途光線昏暗，只能隱約看到眼前有一條狹窄的產業道路。車上，這名學長一邊報路，一邊詢問我們的資訊，似乎是想緩解尷尬的氣氛，阿慶學長若無其事地跟他聊起天，約莫開了半小時，來到報案描述「有電線桿」的地點。

只見電線桿旁有一處小斜坡，斜坡上停了一台車，漆黑的燈光使我們看不清車子是什麼顏色的，我們拿出手電筒往車一照，發現車上坐著一個人，走近一看，發現那人躺在駕駛座一動也不動，趕緊拍打車窗，詢問他是否還有意識，而他仍舊毫無反應的坐著，頭低低往下看。

阿慶學長見狀，拿出警棍開始敲打車窗，試圖把窗戶打碎打開車門，而制服學長則站在一旁聯繫救護單位，他拿出電話開始撥打，卻發現山上沒有訊號，此時阿慶學長已將車窗敲破，湊近一看發現，是一名年約七、八十歲的老人，車上還有木炭及火種，老人當時已經失去生命跡象。

阿慶學長看了看車內，便轉過來對著我搖搖頭，我們還是撥打了救護單位的電話及呼叫當地警察單位來現場支援，阿慶學長則在原地走來走去，似乎是在思考著什麼事情。

我問他：「學長怎麼了嗎？在想什麼？」

「你不覺得很奇怪嗎？這裡這麼偏僻，怎麼會有人在這個時間點經過報案？而且報案人怎麼沒有在現場等我們來？」他認真的說著。

「也許是早起工作的農夫發現吧，可能想說打電話給警察之後就可以離開現場了，也有可能是看到大體感到害怕而趕緊逃離。」我本能的回答著學長。

「那這樣電話怎麼會撥到你的專線電話去？怎麼想都想不通阿！」

學長繼續疑惑著。

後來現場的救護人員認為老人已經回天乏術，請制服警察接手處理，進行後續偵查及通報事宜，制服學長則向我們道了聲謝謝，示意我們可以離開，現場由他們接續處理。

我看了看阿慶學長，他似乎心有不甘，對著制服學長說：「我總覺得事情怪怪的，你們這裡的偵查隊會處理吧？該不會用自殺結案吧？」

制服學長沒有搭理他，只是在現場聯繫他們分局的偵查隊及鑑識人員，阿慶學長則是轉過來對我使了個眼色，我立刻打電話給我們單位的勤務中心，請勤務中心調一開始打我專線的那隻電話，試圖從中找出目擊者是誰。

後來勤務中心那邊傳來一組電話號碼，我立刻撥打回去，接電話的是一名男子，聲音與打專線報案的人非常相似。

「請問你稍早是不是有報案說車輛拋錨？」我問。

「對啊，怎麼了？」他回答。

「我們目前在現場，想請問你是怎麼知道這裡有車子拋錨的？」

「哦……就剛好經過啦，想說這麼晚了怎麼有車子在這，所以馬上打電話給你們。」他的聲音顯得有些不自在。

「那你現在人在什麼地方呢？可能要麻煩你說明一下發現經過。」

「我回家了。嗯……應該不需要說明什麼吧。」

「先生，你發現的車內有名男子，目前已經沒有生命跡象了，需要你說明一下事發經過。」

「那你們要想辦法找原因啊！叫我去幹嘛？」

「就是希望從你的描述深入調查啊，而且你是目擊者，本來就有配合警方訊問的義務，你住哪裡，我現在去找你！」我越說越大聲。

而他沒有再回應，只是掛了電話。我再回撥給他也都是接起來就被掛斷。

我將情形告知阿慶學長，阿慶學長認為應該先將案件交給管轄分局的偵查隊處理，之後再向案發地點的偵查隊打聽這件事情。

我們則順著下山的路準備開回公司，路上，我們兩人都沉默不語，各自思考著關於這件案子的細節……

到了山腳的路口時，阿慶學長看著我說：「學弟，這件案子你覺得是自殺的機率高嗎？」

「我總覺得那個目擊者有問題，一種說不上來的感覺。」

「你是目擊者，如果心裡沒有鬼，警察叫你去你應該會配合吧？」學長說。

「會啊，我會去把目擊跟發現經過交代清楚。」

「那就對了，從這個目擊者開始查起吧。」學長胸有成竹的說著。

「可是，不是已經把案子移轉給管轄偵查隊處理了嗎？」

「我感覺他們會用自殺結案，車上有木炭，又沒有目擊者，來處理的警察看起來也兩光兩光的。」

「那學長……這樣……是可以的嗎？」我問。

「先找出那個目擊者吧，這件案子會跑這麼遠來找你，一定有原因，冥冥之中。」

我們透過查詢死者乘坐的車牌號碼，發現這名死者居住在距離案發現場有六十公里遠的鄉鎮，我們致電詢問死者老婆了解，發現他平時生活單純，是國營事業員工退休，沒有經濟及情感問題，跑去這麼遠的山上想不開實在是啟人疑竇。

心中的責任感使然，我利用放假時間，自己開車到死者的居住地，詢問關於死者平時的交友狀況與生活作息。聽鄰居及附近居民說，死者平時與人相處融洽，個性溫和，兒子最近才從國外讀完書回來，只是回國後求職一直不順利，常常被爸媽唸要出去找份工作，父子關係似乎是不太好。

得到這些線索後，我便再次來到死者的居住地，從房屋簡單的外觀上可以看得出死者平常節儉，房屋內外也都整理得非常乾淨，我向死者老婆表明身分後，站在門口問：

「太太您好，我想請問一下關於您丈夫與兒子的事情。」

「沒有什麼好問的，他已經搬出去了。」她的口氣冷淡。

「但是我聽說他求職過程……」

「亂講！我兒子很優秀，怎麼可能找不到工作！」她突然激動了起來。

「不好意思啦，但我又還沒有說他找不到工作。」

她聽後愣了一下，接著說：「他只是不習慣台灣的低薪環境罷了，當初他說不要回來，他爸就偏偏要他回來！」她開始有點歇斯底里。

原來他們夫妻年輕時生活還算富裕，便把兒子送到國外，希望他學成歸國後可以有所成就，但他好高騖遠，工作沒幾天便開始喊累，沒多久就辭職不去上班了，又或者嫌棄工作待遇太差，他不滿意等等各種理由，後來乾脆就躲在房間，只有吃飯時才會出房門，平時都在房間打網路遊戲，也不出門與人社交，思想與行為越來越奇怪。

「那……太太您那邊有他的電話嗎？我有些問題想請教他。」

「電話嗎，我看一下。」她拿出手機開始查找。

這時我的手機響了，是阿慶學長。

「喂！你知道嗎？管轄分局的偵查隊朋友跟我說，這件他們正準備用自殺結案欸！」

聽到這裡，我趕緊走到門外的角落，「學長，你可以跟他們說晚一點結掉嗎？我有新發現，死者的兒子滿奇怪的。」

「好啦快一點！我打電話去講一下。」他馬上掛掉電話。

我走回去門口，死者老婆給了我一組電話，這組電話跟我們勤務中心當時給我的電話一模一樣，我馬上撥打電話給他，但一樣是接起來就掛斷。

於是我跟死者老婆借了電話撥打，響了幾聲，對方便接了起來：「喂，媽什麼事？」

「我這裡是ＸＸ分局偵查隊，你是ＸＸＸ先生的兒子嗎？」

「你們到底有完沒完啊？找到凶手了沒？破案了沒？為什麼要去騷擾我的家人？你再講一次什麼單位的，信不信我投訴你？」他的口氣氣憤到了極點。

「我只是有些事情想請您來說明、釐清一下，畢竟您是目擊者。」

「好！你在哪裡？我現在去找你！」說罷他便掛上了電話。

這時死者老婆滿臉疑惑的問我：「警官，你剛剛是說目擊者？我兒子怎麼可能是目擊者？他爸爸離開的時候他都在房間。」

我簡單跟死者老婆講了專線的事情，她馬上表示不可能，一定是有什麼誤會，自己的兒子案發當天真的都在家，她可以作證。

我便接著問：「那您知道死者為什麼會跑去那麼遠的山區燒炭嗎？他出發前有沒有什麼異狀？」

「我真的不知道，我們已經分房睡很久了，案發前一天晚上他就說要提前進房，接著我也回我的房間睡了。」

「也就是說，死者進房後去了哪裡妳就不知道了嗎？」

她被我這麼一問，稍微愣了一下，才心虛的點了點頭。

我與死者太太了解的過程中，兒子坐著朋友的車子回家了，一下車便氣沖沖的跑過來質問我：「你們有完沒完？我爸爸走了我們都很難過，你幹嘛一直來問東問西？」

「因為我在找你啊，跟我回去做個簡單的筆錄吧。」我回答。

「為什麼？我爸爸死了為什麼我要做筆錄？」

「因為你在案發當天有打電話給我們報案，所以要製作發現人筆錄。」

我邊說著，我邊觀察著兒子的朋友，邊記著他的車號，他抽著菸，看起來獐頭鼠目，並非正常善類。

「有什麼好說的，我跟我爸爸感情並不好，而且案發當天我都在家裡，根本就沒有出門。」

他很顯然不願配合，看他態度這麼強硬，我只好作罷。

為了進一步釐清，我開著車，到了案發現場附近，要上山，這個路口是必經之地，我沿途調閱路口及民宅的監視器，試圖過濾案發當晚這條路的進出人車。

調閱監視器真的是非常傷眼的活，為了怕漏掉重要畫面，只好花時間用只比原速快一點二倍的速度慢慢看，通常看越久，眼睛會越花。

果然發現，在當天專線響起的前三個多小時，死者的車輛上山，深夜時段，進出的車輛本就不多，我把每台上下山的車號記錄起來，居然發現兒子朋友的車，當天凌晨有從山上開下來，這是個重大發現！

我把監錄影像保存起來後，回到隊上，跟阿慶學長討論起這件事情，阿慶學長馬上打電話給勤務中心，跟勤務中心要了案發當天兒子電話撥來我專線電話的通話紀錄，並通知管轄分局的偵查隊，將這件事情告訴他們。期間他們當然也有打電話來詢問，為什麼這件簡單的「疑似」自殺案件，我們要這麼謹慎，我們向他們解釋「專線事件」後，他們也在通報地檢署相驗時向檢座[6]報告。

＝＝＝＝＝

在掌握這些線索後，我們一併交給管轄分局的偵查隊，由他們進行後續的報驗及偵辦。

過了幾天，阿慶學長從他們那邊問到，檢察官及法醫相驗遺體發現，死者的死因是食物中毒引發器官衰竭致死。

原來死者兒子在玩網路遊戲時認識到不好的朋友，也有約出來吃飯喝酒，因自身並無經濟能力，兒子都會向爸媽拿錢，那群朋友看兒子單純，便動起歪腦筋，確認爸媽有

---

❻ 檢座：警察單位稱呼長官都會用什麼座來敬稱，如科員叫科座、議員稱議座、副主管叫副座等等。

保醫療相關保險後，提議讓兒子買些過期的食物給爸媽吃，讓爸媽吃後去醫院住院、診療，以此領取保險金，兒子聽後想到可以領錢，便在案發前幾天買了一些冷凍食品，故意沒有放在冰箱，在案發當天傍晚拿給媽媽料理，用餐完畢後，媽媽僅有腹瀉及疲倦，而爸爸因為年紀較大，在食物中毒後回到房間，躺著就沒有再醒過來了。

兒子後來發現事情不對勁，本想打電話叫救護車，但又擔心事跡敗露，只好趁半夜媽媽睡著時，請那群狐朋狗友開車來幫忙載運「屍體」到山區，他還不忘提醒朋友記得在棄屍地點附近多繞一會，以此躲避監錄系統的監視。

他自己則開著爸爸的車，在朋友抵達現場後，再將車輛開到現場，由朋友車上將爸爸的屍體搬運到爸爸的車上，並擺放木炭及火種，製造出自殺的假象。兩人再一同開車下山。

他原本想裝作若無其事，彷彿這件事情沒有發生般。可也許是心裡一點僅存的良心發現，他突然覺得將爸爸一人獨自丟在山上不太好，所以在下山時順手打了一一〇電話報案，希望警消可以去現場幫忙處理爸爸的屍體。

也不知是什麼原因，他撥打一一〇報案居然會轉到我這裡來。

「也許這件案子，註定就是跟你有緣吧。」阿慶學長說。

而那通兒子打來專線的報案電話，我與阿慶學長事後在勤務中心放出來聽，只有「呲～嘶～呲～嘶～」的雜訊聲，整段聽完沒有聽到任何人聲，那麼，那天晚上的報案內容是怎麼回事？

報案的人又是誰？

2-10

是誰在哭喊

——「在出生入死的時刻，常忘了，我們也是凡胎肉體，
只因為，身上穿著理想正義。」

我有時候會利用休假一個人開著車到處逛，漫無目的的閒晃，看看腳下這塊我們生長的島嶼有著美麗的山脈與海岸，平時工作累積的壓力與煩躁就會短暫的煙消雲散，至少這是一個可以紓解壓力的好辦法，不然有時跟瘋子、精神病患與歹徒玩在一塊久了，都會懷疑自己是不是也不太正常。

常常在某些時候會突然想一個人沉默不說話，或是沒來由地想大吼大叫一下，警

察在面對各種壓力與負面情緒時，常常把自己當作超人般的鐵金剛，總是那麼的義無反顧、勇往直前；卻忘了我們也是人生父母養，終究也是肉體凡胎。

＝＝＝

這是從我以前在中部實習時，同派出所的學長那聽到的，在我正式成為警察後他便從中部調回東部老家，過著相對悠閒又離家近的日子，就叫他「旻哥」好了。

偶然閒晃到東部，就想說去找派出所找旻哥泡茶話家常、敘敘舊。聽旻哥說，東部治安良好，地廣人稀，也因為人口數較少的因素，奇奇怪怪的報案也相對少很多，勤務內容也單純一些，他說剛調回來時，著實有些不習慣，因為值班台電話一整天可能響不到一次，唯一的那一次還只是勤務中心打電話來測試電話通訊是否正常。

他待的單位是東部偏鄉海邊的值宿所，所謂值宿所就是因為單位警力不足，考量員警值勤安全及槍彈安全，由分局長依據當地治安狀況指定關門時間，可以在晚上十點或者十二點過後將派出所的大門關起來，值班員警可以在裡面休息，但要保持隨時待命的狀態，也因為單位警力數較少，常常在深夜時段需要一個人處理事故，一邊睡覺還要一邊留意門口有無民眾來報案或者電話有沒有響起，睡眠品質雖說好不到哪裡去，但他還是覺得比待在市區派出所好。

「至少半夜可以稍微睡一下，天亮貼個巡邏班到早上十點再回家繼續睡。派出所到我家騎車不到十分鐘！」他與我見面時滿足的說著。

我與他聊起以前在中部上班一起抓捕毒品通緝犯的事情，他一邊泡著茶，一邊笑著說：「以前那裡人多嘛，多到有的菜鳥剛報到，自己派出所同事走進來還問他有什麼事情？是不是要報案？甚至還可以排專門偵辦案件的警力，案子來了就受理，開報案單跟開發票一樣開心。」

的確，在中部時一個派出所警力五十多人，半夜小屁孩聚眾打架，常有快打警力到場的人數比鬧事打架的人數多的情況，他突然話鋒一轉，若有所思的看著我說：「這裡人少，半夜常常都是一個人處理事情，我剛調回來的時候就遇到一件怪事。」

「是什麼怪事？」聽聞我馬上豎起耳朵。

旻哥面色凝重的說起這段離奇的經歷。

＝＝＝＝＝＝

當天大概是凌晨一點多，旻哥坐在泡茶區的躺椅上準備睡覺，突然聽到有人急促地拍打著派出所的鐵門，像是在呼救一般。由於鐵門內還有一道紗門及玻璃門，所以看外面的視野會稍微模糊一點，旻哥走到門前面時隱約看到有一名身穿牛仔外套的女子站在門外，她綁著馬尾，身材高挑，但因為頭低低的，所以看不清楚臉部表情，他趕緊打開玻璃門及紗門，想問該名女子有什麼需要幫助的，然而當他打開門時，往門外注意一看，發現派出所外面空無一人，只有海風颳起樹葉的聲音，正當旻哥還在一頭霧水摸不著頭緒時，「鈴……鈴……鈴……鈴！」值班台上的警用電話瞬間響起。

他趕緊小跑步到值班台接電話，「XX所值班警員〇〇〇你好！」

「警察局嗎？我要報案！在台X線省道跟XX村路口有車禍啦！你趕快派人過來看看！」那頭的聲音聽起來非常緊張。

旻哥正要接著詢問時，電話那頭就掛上了。

因為時值深夜，當時所內的警力只有旻哥一人，於是旻哥打電話給所長，跟所長報告後，請所長從附近的家裡趕來值班，旻哥則帶著裝備、器材趕往現場，起初還以為是一般的車禍，或者頂多有人擦挫傷，但當他趕到事故現場時，他說當時的那個畫面讓他永生難忘。

「啊就一台遊覽車跟砂石車對撞，當時路邊躺了很多人，路上散落一些人體器官跟肢體，現場可以聞到菜市場豬肉攤的腥味，遊覽車頭跟砂石車頭互相擠壓變形，有人掛在遊覽車頭的玻璃上一動也不動，地上到處都可以看到幾灘血漬，現場都是哭著喊痛的聲音。」

見到此景，他頭腦一片空白，還是強壓著情緒，馬上連絡當地消防分隊跟交通警察，並在事故現場擺放警示標誌。此時路邊有個坐著的路人對著旻哥大喊：「車上還有一個！還有一個卡在車上！」

一聽到車上還有人，旻哥便想上車找人，但又看到一旁有車油在滲漏，頓時感到天人交戰，他站在車外猶豫了大概十秒鐘，還是不顧危險，拿出警棍將剩餘的車玻璃敲碎，順著樓梯慢慢爬進了車內。

事故現場剛好是在沒有路燈照到的地方，昏暗的視線讓他感到有些卻步，車上又瀰漫著血腥的肉味，他用顫抖的手緩慢地拿出手電筒，試圖找尋車上的倖存者。只見車上鴉雀無聲，有許多座椅因為撞擊被擠壓在一塊，走道上散落著車子的玻璃與零件，他從車頭慢慢的走到車尾，仔細的尋找了一遍，都沒有發現有生還者的跡象，他又走回車頭打算扳開變形的椅子看看。

正當他走回車頭時，突然聽到車尾傳來女生啜泣的聲音，那聲音非常淒涼，跟安靜的車內對比，顯得格外大聲。他循著車尾聲音的來源走到車尾，問道：「小姐妳在哪裡？我來幫妳！」

那哭泣聲卻詭異的在聽到旻哥詢問後嘎然而止，他到處翻找著，試圖找出聲音從哪裡發出來的，這時外頭交通警察與消防分隊的兄弟來了，旻哥在車上立刻表示還有人在裡面，請消防隊上來協助翻找。

消防分隊的學長立刻使用工具將遊覽車門剪開，輕而易舉的從樓梯爬到了遊覽車上，並使用工具開始清除椅子上的雜物，由於撞擊力道之大，椅子與車殼嚴重變形，消防的學長費了九牛二虎之力才將雜物剪開，旻哥則在旁協助清理剪開的雜物，「在這裡！有兩個！」消防的學長驚呼著。

旻哥趕緊趨上前查看，見到一名身穿牛仔外套的女性蜷縮著，頭顱被削掉部分，腦漿滴在變形的椅子上，她的手壓著一名小男孩，看起來是試圖用身體保護小男孩，但撞擊力道實在太大，小男孩的肩膀與脖子還是因為擠壓而變形，身上還有多處擦挫傷，在我們發現時兩個都已經失去了心跳。

而那名女子的穿著與身材，旻哥說不論身形與穿著，都與剛剛敲門的那名女子非常相似。聽到這讓我忍不住打了個岔：「那學長，你那時聽到車尾的哭聲是從哪發出來的？」

「就是車尾的那幾排椅子附近啊，當下整個漆黑一片，也沒有看到半個人影，但奇怪欸，我並不會感到害怕，也不管是不是遇到鬼，滿腦子就只是想著趕快幫助祂們的心態吧。」旻哥聳了聳肩。

後來經過了解，肇事因素為砂石車司機過於疲勞且行駛速度超過速限而撞上對向車道的遊覽車，內側車道的遊覽車司機閃避不及而發生事故。

有個同車生還者，自稱是那名小男孩的家人，描述當時小男孩本來坐在他旁邊，當事故發生時，前車身發生劇烈晃動，巨大的外力瞬間將小男孩彈到隔壁排的女子旁，女子見狀立刻用身體護住小男孩，雖然最後都因為撞擊力道太大而離開，但小男孩的遺體得以因女子的勇敢而獲得最大的保全。

「也許是事發突然不知道自己已經離開了吧。」旻哥說著。

他說這場事故造成多人罹難、輕重傷，後來相關單位還在該路段設置測速照相機，派出所也被分局要求排班去事故路口罰站擺攤，「警察嘛，頭痛醫頭，腳痛看腳，治標不治本。」旻哥喝了一口茶，淡淡的說著。

我問他當時在現場，準備要進入全黑又危險的車體時會不會感到害怕？他看著我笑著說：「說完全不怕是騙人的，但我們是警察欸，你不知道警察常常往反方向走嗎？而且如果當時我害怕了，還有誰敢進去？」

======

他後來跟所長閒聊，聊到前往現場前聽到的敲門聲，兩人好奇的打開監錄系統查看，發現當時真的有聽到急促的敲門聲，但派出所門外卻是一個人也沒有，鏡頭裡還看得到旻哥走出門外一臉問號的糗樣呢。

國家圖書館出版品預行編目（CIP）資料

警察不拎 GUN 已抵達案件現場 !/ 不拎 GUN 著 . --
初版 . -- 臺北市 : 臺灣東販股份有限公司 , 2022.10
224 面 ; 14.7×21 公分
ISBN 978-626-329-424-0(平裝)

1.CST: 警察 2.CST: 通俗作品

575.8 111013194

警察不拎 GUN 已抵達案件現場！

2022 年 10 月 1 日初版第一刷發行

作　　者　不拎 GUN
編　　輯　王靖婷
美術編輯　黃瀞瑢
封面設計　水青子
發 行 人　南部裕
發 行 所　台灣東販股份有限公司
＜地址＞台北市南京東路 4 段 130 號 2F-1
＜電話＞ (02)2577-8878
＜傳真＞ (02)2577-8896
＜網址＞ http://www.tohan.com.tw
郵撥帳號　1405049-4
法律顧問　蕭雄淋律師
總 經 銷　聯合發行股份有限公司
＜電話＞ (02)2917-8022

著作權所有，禁止翻印轉載
Printed in Taiwan
本書如有缺頁或裝訂錯誤，請寄回更換（海外地區除外）。

TOHAN